理學叢書

北溪字義

〔宋〕陳淳著

中華書局

圖書在版編目(CIP)數據

北溪字義/(宋)陳淳著;熊國禎,高流水點校.—北京:中華書局,1983.8(2025.4重印)
(理學叢書)
ISBN 978-7-101-06644-9

Ⅰ.北… Ⅱ.①陳…②熊…③高… Ⅲ.理學-中國-宋代 Ⅳ.B244

中國版本圖書館CIP數據核字(2009)第041186號

封面設計:周 玉
責任印製:陳麗娜

理學叢書
北溪字義
〔宋〕陳 淳 著
熊國禎
高流水 點校

*

中華書局出版發行
(北京市豐臺區太平橋西里38號 100073)
http://www.zhbc.com.cn
E-mail:zhbc@zhbc.com.cn
三河市中晟雅豪印務有限公司印刷

*

850×1168毫米 1/32 · 3⅜印張 · 2插頁 · 66千字
1983年8月第1版 2025年4月第8次印刷
印數:25401-26400册 定價:19.00元

ISBN 978-7-101-06644-9

理學叢書出版緣起

理學也稱道學、性理之學或義理之學，興起於北宋。主要代表人物有程顥、程頤，相與論學的有張載、邵雍，後人又溯及二程的本師周敦頤，合稱「北宋五子」。南宋朱熹繼承和發展了二程學說，並汲取周、張、邵學説的部分内容，加以綜合，熔鑄成龐大的體系，建立了理學中居主流地位的學派；與此同時，也有以陸九淵爲代表的理學別派與之對峙。南宋末，朱學確立了主導地位。元代理學北傳，流播地區更廣。明代，程朱理學仍是正統官學，但陳獻章由宗朱轉而宗陸，王陽明繼之鼓吹心學，形成了理學中另一占主流地位的學派。清初理學盛極而衰，雖仍有勢力，但頹勢已難挽回，一世學風逐漸轉變爲以乾嘉樸學爲主流。理學從産生到式微，經歷約七個世紀。而它在思想界影響的廣泛深入，超過兩漢經學、魏晉玄學、南北朝隋唐的佛學。

理學繼承古代儒學，融會佛老，探討了宇宙本原、認識真理的方法途徑、世界的規律性和人類本性等哲學問題，提出了比較完整的哲學體系，並涉及道德、教育、宗教、政治等諸多領域，繼承改造了許多舊有的哲學範疇和命題，也提出了不少新的範疇和命題，進行了細緻的推究。「牛毛繭絲，無不辨晰」（黄宗羲明儒學案凡例）、雖有煩瑣的一面，也有精密的一面。就理論思維的精密程度而論，確有度越前代之處。在我國哲學思想發展史上起過重大的作用，在國際上也有影響。作爲民族哲學遺産的一部分，我們没有理由無視它的歷史存在。

建國以來，學術界對理學的研究取得了很大成績。但在一段時間内，由於「左」的思想影響，妨礙了對理學進行實事求是、全面系統的研究，有關古籍、資料的整理也未能很好地開展。近幾年情況有了很大變化，有關的論文、專著多起來了，有關的學術討論會也不斷召開。爲配合研究需要，國務院古籍整理出版規劃小組制訂的一九八二至一九九〇年的古籍整理出版規劃中列入了理學叢書，並開列了選目。這套叢書將由中華書局陸續出版。

理學著作極爲繁富，有大量經注、語録、講義和文集。私人撰述之外，又有官修的讀物如性理大全、性理精義。也有較通俗的以至訓蒙的作品，使理學得以向下層傳播。本叢書只收其中較有代表性的著作。凡收入的書，一般只做點校，個别重要而難懂的可加注釋，或選擇較有參考價值的舊注本進行點校。

熱切期望學術界關心和大力支持這項工作。

中華書局編輯部　一九八三年五月

點校説明

陳淳，字安卿，漳州龍溪（今福建龍海縣）人，學者稱北溪先生。生於宋高宗紹興二十九年（公元一一五九年），死於寧宗嘉定十六年（公元一二二三年），終年六十五歲。其生平事蹟見宋史道學傳。

陳淳是朱熹晚年的高弟，曾兩度從學於朱熹。一次是光宗紹熙元年（公元一一九〇年）朱熹出守漳州時，陳淳抱「十年願見而不可得之誠」求見，朱熹授以「根原」二字，説：「凡閲義理，必窮其原……」陳淳聞而爲學益力。朱熹稱其善問，並多次對人誇讚説：「南來，吾道喜得陳淳。」一次是寧宗慶元五年（公元一一九九年）冬，陳淳再謁朱熹於考亭，陳其爲學所得。當時朱熹已病卧在床，對他説：「如公所學，已見本原，所闕者下學之功爾。」次年正月，陳淳告歸。三個月後，朱熹病逝。陳淳的客觀唯心主義理學思想直接繼承朱熹。在朱熹的門徒中，他的學術地位比較重要，與黄榦並稱。

陳淳的著作以北溪字義與嚴陵講義爲最重要，是其衛護師門、排擊異説、疏釋和闡述程朱理學思想的重要著作。北溪字義原名字義詳講，又稱四書字義或四書性理字義，是陳淳晚年講學，由他的學生王雋筆録整理的。因爲嚴格地講，該書内容主要是闡釋朱熹四書集註的理學思想，而不是一無依傍地疏解四書原義，所以，我們沿用過去用得較多而又比較簡明的北溪字義爲書名。這部書的作法有些像詞典，它從四書中選取若干與理學思想體系關係密切的重要範疇，如性、命、誠、敬、仁義禮智信、忠信、忠恕、道、理、太極、中庸、經權、義利等，分爲二十六門，「薈萃周、程、張子之緒言成語，而折衷於所聞之師説，與夫章句、集註之精意」(引自施元勳序)，綜合起來，一一加以疏釋論述。由於它「決擇精確，貫串浹洽」(引自陳宓序)，當時人對它評價很高。以後屢經刊刻，流傳甚廣。今天看來，這部書仍不失爲一部探索程朱理學，特别是朱熹理學思想的可供參考的入門書，對理解朱熹的四書集註有重要參考價值。或者把它當作類似「理學詞典」的工具書來加以利用，也未嘗不可。這就是我們點校此書的緣由。陳淳的嚴陵講義以及似道之辨、似學之辨，都是他的理學思想已臻成熟時期的著作。前者論述了以天理論爲中心的理學世界觀，以及道統的傳衍、理學修養的方法和程序。後二篇則貶斥佛學、陸學以及科舉之學，是對當時學風的批判和矯正，從中可以看出陳淳衛護朱學、力闢陸學的鮮明宗派色彩。今均匯集一書，以供參考。

北溪字義在宋代有兩種刻本。一是永嘉趙崇端、温陵諸葛鈺刻本，莆田陳宓爲之作序。據宋史本傳，陳宓卒於宋理宗寶慶二年(公元一二二六年)，此本刊刻年代當不晚於此年。二是清漳本，刻於宋淳祐間，即九華葉信原本。明代有兩種刻本出於林同(字進卿)之手。一是弘治庚戌年(公元一四九〇年)林同任西廣參議時的重刻本，二是弘治壬子年(公元一四九二年)林同進擢浙藩後的再刻本。此後又有四明豐慶刻本。清代刻本始以康熙乙亥年(公元一六九五年)桐川施元勳刻本爲較詳，此本乃據弘治刊本校訂後重刻。其後，康熙甲午年(公元一七一四年)顧仲、戴嘉禧、顧秀虎刻本(以下簡稱顧刻本)是在施刻本的基礎上，又據朱彝尊所藏抄本更加增訂詳校，並據性理大全增入「補遺」一卷，因而顧刻本比施刻本更爲完備。以後所出各本，除惜陰軒叢書本大體係據弘治壬子本翻刻外，其餘多據顧刻本翻刻。據陳宓序，北溪字義「凡二十有五門」，而傳世各本均作二十六門。「一貫」一門，北溪全集本注「戴嘉禧云：從清漳家藏本增入。」案，今北京圖書館善本室藏明弘治壬子刊本即有「一貫」一門，可知一、非至清代戴嘉禧始爲增入；二、若戴注不虛，則弘治刊本及以後各本均源於清漳本。宋本今不得見。

我們這次點校即以明弘治壬子林同刻本爲底本，以清康熙甲午顧刻本爲主要校本，其他各本（包括道光惜陰軒叢書本、光緒津河廣仁堂本、光緒北溪全集本）只作參校。別本有誤而底本不誤者一般不寫入校勘記，底本有誤而據別本改正者，或底本不誤而別本異文有研究參考價值者，均寫入校勘記。正文避宋諱而改字者仍予保留，不回改，其他避諱字則隨手改正，不一一注明。另外，北溪字義補遺部分爲明本所無，係據顧刻本增入。今删去其中與本書其他部分重複者三條，以省篇幅。似道之辨與似學之辨亦爲明本所無，係據北溪全集本增入。各本序跋及四庫全書總目提要的有關部分均附於書後，按時間先後編次，以供參考。

本書點校工作，由高流水擔任校勘與初點、復點，由熊國禎負責覆核、寫校勘記與定稿。由於我們知識有限、經驗不足，雖經努力，缺點和錯誤仍然在所難免，懇切地希望讀者予以批評指正。

熊國禎　高流水

一九八一年八月

目録

北溪字義

北溪字義卷上

性命而下等字，當隨本字各逐件看，要親切，又卻合做一處看，要得玲瓏透徹，不相亂，方是見得明。

命

命，猶令也，如尊命、台命之類。天無言做，如何命？只是大化流行，氣到這物便生這物，氣到那物又生那物，便是分付命令他一般。

命一字有二義：有以理言者，有以氣言者，其實理不外乎氣。蓋二氣流行，萬古生生不息，不成只是空箇氣〔一〕？必有主宰之者，曰理是也。理在其中爲之樞紐，故大化流行，生生未嘗止息。所謂以理言者，非有離乎氣，只是就氣上指出箇理，不雜乎氣而爲言耳。如「天命之謂性」，「五十知天命」，「窮理盡性至於命」，此等命字，皆是專指理而言。天命，即天道之流行而賦予於物者。就元亨利貞之理而言，則謂之天道；即此道之流行而〔二〕賦予於物者而言，則謂之天命。如就氣說，卻亦有兩般：一般說貧富貴賤、夭壽禍福，如所謂「死生有命」與「莫非命也」之命，是乃就受氣之短長厚薄不齊上論，是命分之

〔一〕「空」下疑脫一「有」字。參見第十一頁「心」門首段。顧刻本「空箇」作「箇空」，疑非是。

〔二〕「而」據上文及顧刻本補。

命。又一般如孟子所謂「仁之於父子，義之於君臣，命也」之命，是又就稟氣之清濁不齊上論，是説人之智愚賢否。

人物之生，不出乎陰陽之氣。本只是一氣，分來有陰陽，陰陽又分來爲五行。二與五只管分合運行，便有參差不齊，有清有濁，有厚有薄。且以人物合論，同是一氣，但人得氣之正，物得氣之偏，人得氣之通，物得氣之塞。且如人形骸，卻與天地相應，頭圓居上，象天，足方居下，象地。北極爲天中央，卻在北，故人百會穴在頂心，卻向後。日月來往只在天之南，故人之兩眼皆在前。海，鹹水所歸，在南之下，故人之小便亦在前下。此所以爲得氣之正。如物，則禽獸頭横，植物頭向下，枝葉卻在上，此皆得氣之偏處。人氣通明，物氣壅塞。人得五行之秀，故爲萬物之靈。物氣塞而不通，如火煙鬱在裏許，所以理義皆不通。

若就人品類論，則上天所賦皆一般，而人隨其所值，又各有清濁、厚薄之不齊。如聖人得氣至清，所以合下便能生知；賦質至粹，所以合下便能安行。如堯、舜，既得其至清至粹，爲聰明神聖；又得氣之清高而稟〔一〕厚，所以貴爲天子，富有四海。至於享國皆百餘歲，是又得氣之最長者。如夫子，亦得至清至粹，合下便生知安行，然天地大氣到那時已衰微了，所以夫子稟得不高不厚，止栖栖爲一旅人；而所得之氣又不甚長，止僅得中壽七十餘歲，不如堯、舜之高。自聖人而下，各有分數。顔子亦清明純粹，亞於聖人，只緣得氣不長，所以夭死。大抵得氣之清者不隔蔽，那理義便呈露昭著。如銀盞中滿貯清

〔一〕「稟」，全集作「豐」。

水，自透見盞底銀花子甚分明，若未嘗有水然。賢人得清氣多而濁氣少，清中微有些查滓在，未便能昏蔽得他，所以聰明也易開發。自大賢而下，或清濁相半，或清底少濁底多，昏蔽得厚了。如盞底銀花子看不見，欲見得須十分加澄治之功。若能力學，也解變化氣質，轉昏爲明。有一般人，稟氣清明，於義理上儘看得出，而行之不篤，不能承載得道理，多雜詭譎去，是又賦質不粹。此如井泉甚清，貯在銀盞裏面，亦透底清徹。但泉脈從淤土惡木根中穿過來，味不純甘，以之煮白米則成赤飯，煎白水則成赤湯，烹茶則酸澀，是有惡味夾雜了。又有一般人，生下來於世味一切簡淡，所爲甚純正，但與説到道理處，全〔一〕發不來，是又賦質純粹而稟氣不清。此如井泉脈味純甘絶佳，而有泥土渾濁了，終不透瑩。如温公恭儉力行，篤信好古，是甚次第正大資質，只緣少那至清之氣，識見不高明。二程屢將理義發他，一向偏執固滯，更發不上，甚爲二程所不滿。又有一般人，甚好説道理，只是執拗，自立一家意見，是稟氣清中被一條戾氣衝拗了。如泉脈出來甚清，卻被一條别水横衝破了，及或遭巉巗石頭横截衝激，不帖順去，反成險惡之流。看來人生氣稟是有多少般樣，或相倍蓰，或相什百，或相千萬，不可以一律齊。畢竟清明純粹恰好底極爲難得，所以聖賢少而愚不肖者多。

若就造化上論，則天命之大目只是元亨利貞。此四者就氣上論也得，就理上論也得。就氣上論，則物之初生處爲元，於時爲春；物之發達處爲亨，於時爲夏；物之成遂處爲利，於時爲秋；物之斂藏處爲

〔一〕「全」下顧刻本有「開」字。

貞，於時爲冬。貞者，正而固也。自其生意之已定者而言，則〔一〕謂之正；自其斂藏者而言，故謂之固。就理上論，則元者生理之始，亨者生理之通，利者生理之遂，貞者生理之固。

問：天之所命，固是大化流行賦予於物，如分付他一般。若就人事上論，則如何是賦予分付處？曰：天豈「諄諄然命之乎」？亦只是其理如此而已。孟子説天與賢與子處，謂「天不言，以行與事示之而已」。「使之主祭，而百神享之；使之主事而事治，百姓安之。是天與之，人與之。」又曰：「莫之爲而爲者，天也；莫之致而至者，命也。」其意發得亦已明白矣。如孟津之上，不期而會者八百國，亦其出於自然而然，非人力所容强〔二〕，便是天命之至，武王但順乎天而應乎人爾。然此等事〔三〕，又是聖人行權底事。惟聖人及大賢以上地位，然後見得明，非常情所及。唐陸宣公謂「人事盡處，是謂天理」。蓋到人事已盡地頭，赤見骨〔四〕不容一點人力，便是天之所爲。此意旨極精微，陸宣公之學亦識到此。如桎梏死、巖牆死者非正命，是有致而然，乃人所自取而非天。若盡其道而死者爲正命，蓋到此時所值之吉凶禍福，皆莫之致而至，故可以天命言，而非人力之所取矣。

問：「莫之爲而爲者，天也；莫之致而至者，命也。」朱子註曰：「以理言之謂之天，自人言之謂之命，其實一而已。」此處何以見二者之辨？曰：天與命只一理，就其中卻微有分别。爲以做事言，做事是人；對此而反之，非人所爲便是天。至以吉凶禍福地頭言，有因而致是人力；對此而反之，非人力所致便是

〔一〕「則」顧刻本作「故」。　〔二〕「强」字據顧刻本補。　〔三〕「事」顧刻本作「處」。　〔四〕「赤見骨」，顧刻本注「一作亦見得」。

命。天以全體言，命以其中妙用言。其曰「以理言之謂之天」，是專就天之正面訓義言，卻包命在其中。其曰「自人言之謂之命」，命是天命，因人形之而後見。故吉凶禍福自天來，到於人然後爲命。乃是於天理中，截斷命爲一邊，而言其指歸爾。若只就天一邊説，吉凶禍福，未有人受來，如何見得是命？

問：天之所命，果有物在上面安排分付之否？曰：天者，理而已矣。古人凡言天處，大槩皆是以理言之。程子曰：「夫天，專言之則道也，『天且弗違』是也。」又曰：「天也者，道也。」論語集註「獲罪於天」曰：「天卽理也。」易本義：「先天弗違，謂意之所爲，默與道契。後天奉天，謂知理如是，奉而行之。」又嘗親炙文公説：「『上帝震怒』，也只是其理如此。天下莫尊於理，故以帝名之。」觀此亦可見矣。故上而蒼蒼者，天之體也。上天之體以氣言，「上天之載」以理言。

問：天之所命則一，而人受去何故如彼之不齊？曰：譬之天油然作雲，沛然下雨，其雨則一，而江河受去，其流滔滔，不增不減；溪澗受去，則洪瀾暴漲；溝澮受去，則朝盈暮涸。至於沼沚坎窟、盆甕罌缶、螺杯蜆殼之屬受去，或有斗斛之水，或只涓滴之水，或清甘，或汙濁，或臭穢。隨他所受，多少般樣不齊，豈行雨者固〔一〕爲是區別哉？又譬之治一片地而播之菜子，其爲播種一也，而有滿園中森森成行伍出者，有擲之蹊旁而踐蹂不出者；有未出爲鳥雀啄者，有方芽爲雞鵝嚙者，有稍長而芟去者，有既秀而連根拔者，有長留在園而旋取葉者；有日供常人而羹食者，有爲菹於禮豆而薦神明者，有爲齏於金盤而

〔一〕「固」，顧刻本注「一本作故」。

獻上賓者，有丐子烹諸瓦盆而食者；有脆嫩而摘者，有壯茂而割者，有結實〔一〕成子而研爲齏汁用者，有藏爲種子，到明年復生生不窮者。其參差如彼之不齊，豈播種者所能容心哉？故天之所命則一，而人受去自是不齊。亦自然之理，何疑焉！

性

性卽理也。何以不謂之理而謂之性？蓋理是泛言天地間人物公共之理，性是在我之理。只這道理受於天而爲我所有，故謂之性。性字從生從心，是人生來具是理於心，方名之曰性。其大目只是仁義禮智四者而已。得天命之元，在我謂之仁；得天命之亨，在我謂之禮；得天命之利，在我謂之義；得天命之貞，在我謂之智。性與命本非二物，在天謂之命，在人謂之性。故程子曰：「天所付爲命，人所受爲性。」文公曰：「元亨利貞，天道之常；仁義禮智，人性之綱。」

性命只是一箇道理，不分看則不分曉。只管分看不合看，又離了，不相干涉。須是就渾然一理中看得有界分，不相亂。所以謂之命、謂之性者何故？大抵性只是理，然人之生不成只空得箇理，須有箇形骸方載得此理。其實理不外乎氣，得天地之氣成這形，得天地之理成這性。所以橫渠曰：「天地之塞吾其體，天地之帥吾其性。」塞字只是就孟子「浩然之氣塞乎天地」句掇一字來說氣，帥字只是就孟子「志，

〔一〕「實」原作「食」，據顧刻本改。

氣之帥」句掇一字來說理。人與物同得天地之氣以生，天地之氣只一般，因人物受去各不同。人得五行之秀，正而通，所以仁義禮智，粹然獨與物異。物得氣之偏，爲形骸所拘，所以其理閉塞而不通。人物所以爲理只一般，只是氣有偏正，故理隨之而有通塞爾。

天所命於人以是理，本只善而無惡。故人所受以爲性，亦本善而無惡。孟子道性善，是專就大本上說來，說得極親切，只是不曾發出氣稟一段，所以啓後世紛紛之論。蓋人之所以有萬殊不齊，只緣氣稟不同。這氣只是陰陽五行之氣，如陽性剛，陰性柔，火性燥，水性潤，金性寒，木性溫，土性重厚。七者夾雜，便有參差不齊。所以人隨所值，便有許多般樣。然這氣運來運去，自有箇真元之會，如曆法算到本數湊合，所謂「日月如合璧，五星如連珠」時相似。聖人便是稟得這真元之會來。然天地間參差不齊之時多，真元會合之時少，如一歲間劇寒劇暑陰晦之時多，不寒不暑光風霽月之時極少，最難得恰好時節。人生多值此不齊之氣。如有一等人非常剛烈，是值陽氣多；有一等人極是軟弱，是值陰氣多；有人躁暴忿戾，是又值陽氣之惡者；有人狡譎姦險，此〔一〕又值陰氣之惡者；有人性圓，一撥便轉；也有一等極愚拗，雖一句善言亦說不入，與禽獸無異：都是氣稟如此。陽氣中有善惡，陰氣中亦有善惡，如通書中所謂剛善、剛惡、柔善、柔惡之類。不是陰陽氣本惡，只是分合轉移、齊不齊中便自然成粹駁善惡耳。因氣有駁粹，便有賢愚。氣雖不齊，而大本則一。故〔二〕雖下愚，亦可變而爲善，然工夫最難，非百倍其功者不能。故子思曰：「人一能之己百之，人十能之己千之，果能此道，雖愚必明，雖柔必強。」正爲

〔一〕「此」顧刻本作「是」。　〔二〕「故」字據顧刻本補。

此耳。孟子不説到氣禀，所以荀子便以性爲惡，揚子便以性爲善惡混，韓文公又以爲性有三品，都只是説得氣。近世東坡蘇氏又以爲性未有善惡，五峯胡氏又以爲性無善惡，都只含糊就與天相接處捉摸，説箇性是天生自然底物，竟不曾説得性端的指定是甚底物。直至二程得濂溪先生太極圖發端，方始説得分明極至，更無去處。其言曰："性即理也。"理則自堯舜至於塗人，一也。"此語最是簡切端的。如孟子〔一〕説善，善亦只是理，但不若指認理字下得較確定。胡氏看不徹，便謂善者只是贊歎之辭，又誤了。既是贊歎，便是那箇是好物方贊歎，豈有不好物而贊歎之耶？程子於本性之外，又發出氣禀一段，方見得善惡所由來。故其言曰："論性不論氣，不備；論氣不論性，不明；二之則不是也。"蓋只論大本而不及氣禀，則所論有欠闕未備。若只論氣禀而不及大本，便只説得粗底，而道理全然不明。千萬世而下，學者只得按他説，更不可改易。

孟子道性善，從何而來？夫子繫易曰："一陰一陽之謂道，繼之者善也，成之者性也。"所以一陰一陽之理者爲道，此是統説箇太極之本體。繼之〔二〕者爲善，乃是就其間説：造化流行，生育賦予，更無别物，只是箇善而已。此是太極之動而陽時。所謂善者，以實理言，即道之方行者也。道到成此者爲性，是説人物受得此善底道理去，各成箇性耳，是太極之静而陰時。此性字與善字相對，是即所謂善而理之已定者也。「繼」「成」字〔三〕與「陰」「陽」字相應，是指氣而言；「善」「性」字與「道」字相應，是指理而

〔一〕「子」原作「氏」，據顧刻本改。〔二〕「之」原作「此」，據易繫辭原文及顧刻本改。〔三〕「字」字據顧刻本增。

言。此夫子所謂善，是就人物未生之前，造化原頭處說，善乃重字，爲實物。若孟子所謂性善，則是就「成之者性」處說，是人生以後事，善乃輕字，言此性之純粹至善耳。其實由造化原頭處有是「繼之者善」，然後「成之者性」時方能如是之善。則孟子之所謂善，實淵源於夫子所謂善者而來，而非有二本也。易三言，周子通書及程子說已明備矣。至明道又謂孟子所謂性善者，只是說繼之者善也。此又是借易語移就人分上說，是指四端之發見〔一〕處言之，而非易之本旨也。

氣稟之說從何而起？夫子曰：「性相近也，習相遠也。」「惟上智與下愚不移。」此正是說氣質之性。子思子所謂三知三行，及所謂「雖愚必明，雖柔必强」，亦是說氣質之性，但未分明指出氣質字爲言耳。到二程子始分明指認說出，甚詳備。橫渠因之又立爲定論曰：「形而後有氣質之性。善反之，則天地之性存焉。故氣質之性，君子有弗性者焉。」氣質之性，是以氣稟言之。天地之性，是以大本言之。其實天地之性亦不離氣質之中，只是就那氣質中分別出天地之性，不與相雜爲言耳。此意學者又當知之。

韓文公謂「人之所以爲性者五，曰仁義禮智信」，此語是看得性字端的，但分爲三品又差了。三品之說，只說得氣稟，然氣稟之不齊，蓋或相什百千萬，豈但三品而已哉！他本要求勝荀揚，卻又與荀揚無甚異。

〔一〕「見」字據顧刻本增。

佛氏把作用認〔一〕是性，便唤蠢動含靈皆有佛性，運水搬柴無非妙用。不過又認得箇氣，而不説著那理耳。達磨答西竺〔二〕國王作用之説曰：「在目能視，在耳能聞，在手執捉，在足運奔，在鼻嗅浥，在口談論，徧現〔三〕俱該沙界，收攝在一微塵，識者知是道性，不識唤作精魂。」他把合天地世界總是這箇物事，乃吾之真體，指吾之肉身只是假合幻妄，若能見得這箇透徹，則合天地萬物皆是吾法身，便超出輪迴。故禪家所以甘心屈意，枯槁山林之下，絶滅天倫，掃除人事者，只是怕來侵壞著他這箇靈活底。若能硬自把捉得定，這便是道成了，便一向縱横放恣，花街柳陌，或喫猪頭鳩子都不妨。其實多是把持到年暮氣衰時，那一切情慾自然退滅，卻自唤做工夫至到，便矜耀以爲奇特，一向呵佛罵祖去。

今世有一種杜撰等人，愛高談性命，大抵全用浮屠作用是性之意，而文以聖人之言，都不成模樣。據此意，其實不過只是告子「生之謂性」之説。此等邪説，向來已爲孟子掃卻，今又再拈起來，做至珍至寶説，謂人之所以能飲能食，能語能嘿，能知覺運動，一箇活底靈底便是性，更不商量道理有不可通。且如運動，合本然之則，固是性。如盜賊作竊，豈不運動，如何得是性？耳之欲聲，目之欲色，固是靈活底。然目視惡色，耳聽惡聲，如何得是本然之性？只認得箇精神魂魄，而不知有箇當然之理，只看得箇模糊影子，而未嘗有的確定見，枉誤了後生晚進，使相從於天理人欲混雜之區，爲可痛。

心

〔一〕「認」字據顧刻本補。　〔二〕「西竺」二字，據顧刻本補。　〔三〕「現」原作「視」，據顧刻本改。

心者，一身之主宰也。人之四肢運動，手持足履，與夫飢思食，渴思飲，夏思葛，冬思裘，皆是此心爲之主宰。如今心恙底人，只是此心爲邪氣所乘，內無主宰，所以日用間飲食動作皆失其常度，與平人異，理義都喪了，只空有箇氣，僅往來於脈息之間未絕耳。大抵人得天地之理爲性，得天地之氣爲體，理與氣合方成箇心，有箇虛靈知覺，便是身之所以爲主宰處。然這虛靈知覺，有從理〔一〕而發者，有從心〔二〕而發者，又各不同也。

心只似箇器〔三〕一般，裏面貯底物便是性。康節謂「心者，性之郛郭」〔四〕，說雖粗而意極切。蓋郛郭者，心也。郛郭中許多人煙，便是心中所具之理相似，所具之理便是性。即這所具底便是心之本體。理具於心，便有許多妙用。知覺從理上發來，便是仁義禮〔五〕智之心，便是道心。若知覺從形氣上發來，便是人心，便易與理相違。人只有一箇心，非有兩箇知覺，只是所以爲知覺者不同。且如飢而思食，渴而思飲，此是人心。至於食所當食，飲所當飲，便是道心。如有人飢餓瀕死，而蹴爾、嗟來等食皆不肯受，這心從何處發來？〔六〕然其嗟也可去，其謝也可食。此等處理義又隱微難曉，須是識見十分明徹，方辨別得。

心有體有用。具衆理者其體，應萬事者其用。寂然不動者其體，感而遂通者其用。體即所謂性，

〔一〕顧刻本「從理」上有「本天」二字。〔二〕顧刻本「從心」下有「任欲」二字。〔三〕顧刻本「器」下有「皿」字。〔四〕原作「性者，心之郛郭」，據邵雍原文及顧刻本改。〔五〕「禮」原作「理」，據顧刻本改。〔六〕顧刻本於此句下有「便是就裏面道理上發來」句。

以其靜者言也；用即所謂情，以其動者言也。聖賢存養工夫至到，方其靜而未發也，全體卓然，如鑑之空，如衡之平，常定在這裏。及其動而應物也，大用流行，妍媸高下，各因物之自〔一〕爾，而未嘗有絲毫銖兩之差，而所謂鑑空衡平之體亦常自若，而未嘗與之俱往也。

性只是理，全是善而無惡。心含理與氣，理固全是善，氣便含兩頭在，未便全是善底物，才動便易從不善上去。心是箇活物，不是帖靜死定在這裏，常愛動。心之動，是乘氣動。故文公感興詩曰：「人心妙不測，出入乘氣機。」正謂此也。心之活處，是因氣成便會活。其靈處，是因理與氣合便會靈。所謂妙者，非是言〔二〕至好，是言其不可測。忽然出，忽然入，無有定時；忽在此，忽在彼，亦無定處。操之便存在此，舍之便亡失了。故孔〔三〕子曰：「操則存，舍則亡，出入無時，莫知其鄉者，惟心之謂與？」存便是入，亡便是出。然出非是本體走出外去，只是邪念感物逐他去，而本然之正體遂不見了。入非是自外面已放底牽入來，只一念提撕警覺便在此。人須是有操存涵養之功，然後本體常卓然在中爲之主宰，而無亡失之患。所貴於問學者，爲此也。故孟子曰：「學問之道無他，求其放心而已矣。」此意極爲人〔四〕親切。

心雖不過方寸大，然萬化皆從此出，正是源頭處。故子思〔五〕以未發之中爲天下之大本，已發之和爲天下之達道。

〔一〕「自」顧刻本作「宜」。　〔二〕顧刻本「言」下有「其」字。　〔三〕「孔」原誤作「孟」，據孟子本文及顧刻本改。

〔四〕「人」字疑衍。　〔五〕「子思」顧刻本作「子思子」。

仁者，心之生道也。敬者，心之所以生也。

此心之量極大，萬理無所不包，萬事無所不統。古人每言學，必欲其博。孔子所以學不厭者，皆所以極盡乎此心無窮之量也。孟子所謂盡心者，須是盡得箇極大無窮之量，無一理一物之或遺，方是真能盡得心。然孟子於諸侯之禮未之學，周室班爵禄之制未嘗聞，畢竟是於此心無窮之量終有所欠缺未盡處。

心至靈至妙，可以爲堯舜，參天地，格鬼神。雖萬里之遠，一念便到。雖千古人情事變之祕，一照便知。雖金石至堅，可貫。雖物類至微至幽，可通。

佛家論性，只似儒家論心。他只把這人心那箇虚靈知覺底喚作性了。

伊川曰：「心一也，有指體而言者，寂然不動是也；有指用而言者，感而遂通是也。」此語亦説得圓。横渠曰：「心統性情。」尤爲語約而意備，自孟子後未有如此説[一]親切者。文公曰：「性者，心之理。情者，心之用。心者，情性之主。」説得又條暢明白。

横渠曰：「合虚與氣，有性之名。合性與知覺，有心之名。」虚是以理言，理與氣合，遂生人物。人物受得去成這性，於是乎方有性之名。性從理來，不離氣。知覺從氣來，不離理。合性與知覺，遂成這心，於是乎方有心之名。

程子曰：「上天之載，無聲無臭，其體則謂之易，其理則謂之道，其用則謂之神。」此處是言天之心性

[一]顧刻本「説」下有「得」字。

情。所謂易便是心，道便是性，神便是情。所謂體者，非體用之體，乃其形狀模樣恁地。易是陰陽變化，合理與氣説。

情

情與性相對。情者，性之動也。在心裏面未發動底是性，事物觸著便發動出來是情。寂然不動是性，感而遂通是情。這動底只是就性中發出來，不是別物，其大目則爲喜、怒、哀、懼、愛、惡、欲七者。中庸只言喜怒哀樂四箇，孟子又指惻隱、羞惡、辭遜、是非四端而言，大抵都是情。性中有仁，動出爲惻隱；性中有義，動出爲羞惡；性中有禮智，動出爲辭遜、是非。端是端緒，裏面有這物，其端緒便發出從外來。若内無仁義禮智，則其發也，安得有此四端？大概心是箇物，貯此性，發出底便是情。孟子曰：「惻隱之心，仁之端也。羞惡之心，義之端也」云云。惻隱、羞惡等以情言，仁義等以性言。必又言心在其中者，所以統情性而爲之主也。孟子此處説得卻備。又如大學所謂憂患、好樂及親愛、畏敬等，皆是情。

情者心之用，人之所不能無，不是箇不好底物。但其所以爲情者，各有箇當然之則。如當喜而喜，當怒而怒，當哀而哀，當樂而樂，當惻隱而惻隱，當羞惡而羞惡，當辭遜而辭遜，當是非而是非，便合箇當然之則，便是發而中節，便是其中性體流行，著見於此，即此便謂之達道。若不當然而然，則違其則，失其節，只是箇私意人欲之行，是乃流於不善，遂成不好底物，非本來便不好也。

情之中節，是從本性發來便是善，更無不善。其不中節是感物欲而動，不從本性發來，便有箇不善。孟子論情，全把做善者，是專指其本於性之發者言之。禪家不合便指情都做惡底物，卻欲滅情以復性。不知情如何滅得？情既滅了，性便是箇死底性，於我更何用？

孟子四端，是專就善處言之。喜怒哀樂及情[一]等，是合善惡說。

樂記曰：「人生而靜，天之性也。感於物而動，性之欲也。」性之欲便是情。

才

才是才質、才能。才質，猶言才料質幹，是以體言。才能，是會做事底。同這件事，有人會發揮得，有人全發揮不去，便是才不同，是以用言。孟子所謂「非才之罪」及「天之降才非爾殊」等語，皆把才做善底物，他只是以其從性善大本處發來，便見都一般。要說得全備，須如伊川「氣清則才清，氣濁則才惡」之論方盡。

志

志者，心之所之。之猶向也，謂心之正面全向那裏去。如志於道，是心全向於道；志於學，是心全向於學。一直去求討要，必得這箇物事，便是志。若中間有作輟或退轉底意，便不得謂之志。

[一]顧刻本「情」上有「七」字。

志有趨向、期必之意。心〔一〕趨向那裏去，期料要恁地，決然必欲得之，便是志。人若不立志，只泛泛地同流合汙，便做成甚人？須是立志，以聖賢自期，便〔二〕能卓然挺出於流俗之中，不至隨波逐浪，爲碌碌庸庸之輩。若甘心於自暴自棄，便是不能立志。

立志須是高明正大。人多有好資質，純粹静淡，甚近道，卻甘心爲卑陋之歸，不肯志於道，只是不能立志。如文帝寬仁恭儉，是其資質儘可與爲帝王。然其言曰：「卑之無甚高論，令今可行也。」卻不能立志。武帝上嘉唐虞，志向高大，然又好名，駁雜無足取。程子奏劄説立志一段最切，是説人君立志。學者立志與人君立志都一般，只是在身、在天下，有小大之不同。

爲學緊要處，最是立志之初，所當謹審決定。此正是分路頭處。纔志於義，便入君子路；纔志於利，便入小人路。舜、跖利善正從此而分，堯、桀言行正從此而判。孔子説「從心所欲不踰矩」，緊要正在志學一節上。在聖人，當初成童志學，固無可議。自今觀之，學之門户雖〔三〕多，若此處所志者一差，不能純乎聖途之適，則後面所謂「立」，所謂「不惑」，所謂「知命」，所謂〔四〕「從心」，節節都從而差，無復有見效處。惟起頭所志者，果能專心一意於聖人之學，則後面許多節目，皆可以次第循序而進。果有「不倦」工夫以終之，則雖「從心」地位至高，亦可得而造到矣。

〔一〕「心」字據顧刻本補。　〔二〕「便」原作「更」，據顧刻本改。　〔三〕「雖」顧刻本作「煞」。　〔四〕「所謂」顧刻本作「耳順」。

人常〔一〕言志趣。趣者，趨也，心之所趨也。趣亦志之屬。

孟子曰：士「尚志」。立志要高不要卑。論語曰：「博學而篤志。」立志要定不要雜，要堅不要緩。如顏子曰：「舜何人也？予何人也？有爲者亦若是。」公明儀曰：「文王，我師也。周公豈欺我哉？」皆以聖人自期，皆是能立志。孟子曰：「舜爲法於天下，可傳於後世，我猶未免爲鄉人也，是則可憂也。憂之如何？如舜而已矣。」孟子以舜自期，亦是能立志。

意

意者，心之所發也，有思量運用之義。大抵情者性之動，意者心之發。情是就心裏面自然發動，改頭換面出來底，正與性相對。意是心上發起一念，思量運用要恁地底。情動是全體上論，意是就起一念處論。合數者而觀，纔應接事物時，便都呈露在面前。且如一件事物來接著，在内主宰者是心；動出來或喜或怒是情；裏面有箇物，能動出來底是性；運用商量，要喜那人要怒那人是意；心向那所喜所怒之人是志；喜怒之中節處又是性中道理流出來，即其當然之則處是理；其所以當然之根原處是命。一下許多物事都在面前，未嘗相離，亦粲然不相紊亂。

以意比心，則心大意小。心以全體言，意只是就全體上發起一念慮處。

「毋意」之意，是就私意說；「誠意」之意，是就好底意思說。

〔一〕「常」顧刻本作「嘗」，字通。

人常言意思。去聲。思者，思也。平聲。思慮、念慮之類，皆意之屬。

仁義禮智信

五者謂之五常，亦謂之五性。就造化上推原來，只是五行之德。仁在五行爲木之神，在人性爲仁；義在五行爲金之神，在人性爲義；禮在五行爲火之神，在人性爲禮；智在五行爲水之神，在人性爲智。人性中只有仁義禮智四位，卻無信位。如五行木位東，金位西，火位南，水位北，而土無定位，只寄旺於四位之中。木屬春，火屬夏，金屬秋，水屬冬，而土無專氣，只分旺於四季之間。四行無土便都無所該載，猶仁義禮智無信，便都不實了。只仁義禮智之實理便是信。信卻易曉。仁義禮智須逐件看得分明，又要合聚看得脈絡都不亂。

且分別看，仁是愛之理，義是宜之理，禮是敬之理，智是知之理。愛發見於外乃仁之用，而愛之理則在內。事物各得其宜乃義之用，而宜之理則在內。恭敬可見處乃禮之用，而敬之理則在內。知箇是、知箇非是智之用，而知之理則在內。就四者平看，則是四箇相對底道理。專就仁〔一〕看，則仁又較大，能兼統四者，故仁者乃心之德。如禮義智亦是心之德，而不可以心之德言者，如人一家有兄弟四箇，長兄當門户，稱其家者只舉長兄位號爲言，則下三弟皆其家子弟，已包在內矣。若自曰三弟者之家，則拈掇不起。道理只如此。然仁所以長衆善，而專一心之全德者，何故？蓋人心所具之天理全體

〔一〕「仁」原作「人」，據文意及顧刻本改。

都是仁，這道理常恁地活，常生生不息。舉其全體而言則謂之仁，而義禮智皆包在其中。自爲仁而言，纔有一毫人欲之私插其間，這天理便隔絶死了，便不得謂之仁。須是工夫至到，此心純是天理之公，而絶無一毫人欲之私以間之，則全體便周流不息，無間斷，無欠闕，方始是仁。所以仁無些少底仁。

仁義起發是惻隱羞惡，及到那人物上，方見得愛與宜，故曰「愛之理，宜之理」。

仁道甚廣大精微，何以用處只爲愛物，而發見之端爲惻隱？曰：仁是此心生理全體，常生生不息。故其端緒方從心中萌動發出來，自是惻然有隱，由惻隱而充及到那物上，遂成愛。故仁乃是愛之根，而惻隱則根之萌芽，而愛則又萌芽之長茂已成者也。觀此，則仁者愛之理，愛者仁之用，自可見得脈絡相關處矣。

義就心上論，則是心裁制決斷處。宜字乃裁斷後字。裁斷當理，然後得宜。凡事到面前，便須有剖判，是可是否。文公謂：「義之在心，如利刃然，物來觸之，便成兩片。」若可否都不能剖判，便是此心頑鈍無義了。且如有一人來邀我同出去，便須能剖判當出不當出。若要出又要不出，於中遲疑不能決斷，更何義之有？此等處，須是自看得破。如韓文公以行而宜之之謂義，則是就外面說，成「義外」去了。

禮者，心之敬，而天理之節文也。心中有箇敬，油然自生便是禮，見於應接便自然有箇節〔一〕文。節則無太過，文則無不及。如做事太質，無文采，是失之不及；末節繁文太盛，是流於太過。天理之節

〔一〕「節」原作「禮」，據上下文意及顧刻本改。

文乃其恰好處，恰好處便是理。合當如此，更無太過，更無不及，當然而然，便即是中。故濂溪太極圖說「仁義中正」，以中字代禮字，尤見親切。

文公曰：「禮者，天理之節文，人事之儀則。」以兩句對言之，何也？蓋天理只是人事中之理，而具於心者也。天理在中而著見於事，人事在外而根於中，天理其體而人事其用也。「儀」謂容儀而形見於外者，有粲然可象底意，與「文」字相應。「則」謂法則、準則，是箇骨子，所以存於中者，乃確然不易之意，與「節」字相應。文而後儀，節而後則，必有天理之節文，而後有人事之儀則。言須盡此二者，意乃圓備。

智是心中一箇知覺處，知得是是非非恁地確定是智。孟子謂「知斯二者弗去」是也。知是知識，弗去便是確定不易之意。

問：智是知得確定，在五行何以屬水？曰：水清明可鑒似智，又是[一]造化之根本。凡天地間萬物，得水方生。只看地下泉脈滋潤，何物不資之以生？亦猶萬事非智不可便知[二]，知得確定方能成。此水於萬物所以成終而成始，而智亦萬事之所以成終而成始者也。

孟子四端之說，是就外面可見底以驗其中之所有。如乍見孺子入井，便自然有惻隱之心，便見得裏面有這仁。如行道乞人，纔蹴爾嘑爾而與之，便自羞惡而不肯食，便見得裏面有這義。如一接賓客之頃，便自然有恭敬之心，便見得裏面有這禮。一件事來，非底便自覺得爲非，是底便自覺得爲是，便

[一]顧刻本「是」字下有「天一所生」四字。　[二]「便知」顧刻本作「須」。

見得裏面有這智。惟是裏面有是四者之體，故四者端緒自然發見於外，所謂「乃若其情，則可以爲善，乃所謂善也」。以見性不是箇含糊底物，到發來方有四端，但未發則未可見耳。孟子就此處開發人，證印〔一〕得本來之善甚分明。所以程子謂「有功於萬世者，性善之一言」。

信在性只是四者都實底道理，及發出來便爲忠信之信。由內面有此信，故發出來方有忠信之信。忠信只是一物而判作二者，便是信之端緒，是統外面應接事物發原處説。

四者端緒，日用間常常發見，只是人看理不明，故茫然不知得。且如一事到面前，便自有箇是，有箇非，須是知得此便是智。若是也不知，非也不知，便是心中頑愚無知覺了。既知得是非已明，便須判斷，只當如此做，不當如彼做，有可否從違，便是義。若要做此，又不能割捨得彼，只管半間半界，便是心中頑鈍而無義。既斷定了只如此做，便看此事如何是太過，如何是不及，做得正中恰好，有箇節文，無過無不及，此便是禮。做事既得中，更無些子私意夾雜其間，便都純是天理流行，此便是仁。事做成了，從頭至尾皆此心真實所爲，便是信。此是從下説上去。若從上説下來，且如與箇賓客相接，初纔聞之，便自有箇懇惻之心，怛然動於中，是仁。此心既怛然動於中，便肅然起敬去接他，是禮。既接見畢，便須商量合作如何待，或喫茶，或飲酒，輕重厚薄，處之得宜，是義。或輕或重，或厚或薄，明白一定，是智。從首至末皆真實，是信。此道理循環無端，若見得熟，則大用小用皆宜，橫説豎説皆通。

〔一〕「印」原作「卽」，據顧刻本改。

仁者，心之全德，兼統四者。義、禮、智，無仁不得。蓋仁是心中箇生理，常流行生生不息，徹始終無間斷。苟無這生理，則心便死了，其待人接賓，恭敬何自而發？必無所謂禮。處事之際，必不解裁斷，而無所謂義。其於是非，亦必頑然無所知覺，而無所謂智。既無是四者，又烏有所謂實理哉？

人性之有仁義禮智，只是天地元亨利貞之理。仁在天爲元，於時爲春。乃生物之始，萬物於此方萌芽發露，如仁之生生，所以爲衆善之長也。禮在天爲亨，於時爲夏。萬物到此時一齊盛長，衆美所會聚，如經禮三百，曲禮三千，粲然文物〔一〕之盛，亦衆美所會聚也。義在天爲利，於時爲秋。蓋萬物到此時皆成遂，各得其所，如義斷制萬事，亦各得其宜。秋有肅殺氣，義亦有嚴肅底意。智在天爲貞，於時爲冬。萬物到此皆歸根復命，收斂都定了，如智見得萬事是非都一定，確然不可易，便是貞固道理。貞後又生元，元又生亨，亨又生利，利又生貞，只管如此去，循環無端。總而言之，又只是一箇元。蓋元是箇生意，亨只是此生意之通，利只是此生意之遂，貞也只是此生意之藏。此元所以兼統四德。故曰：「大哉乾元，萬物資始，乃統天。」謂統乎天，則終始周流都是一箇元。如仁兼統四者，義禮智都是仁。至其爲四端，則所謂惻隱一端，亦貫通乎辭遜、羞惡、是非之端，而爲之統焉。今只就四端不覺發動之初，真情懇切時，便自見得惻隱貫通處。故程傳曰：「四德之元，猶五常之仁，偏言則一事，專言則包四者。」可謂示人親切，萬古不易之論矣。

何謂義禮智都是仁？蓋仁者，此心渾是天理流行。到那禮儀三百，威儀三千，亦都渾是這天理流

〔一〕「物」順刻本作「采」。

行。到那義，裁斷千條萬緒，各得其宜，亦都渾是這天理流行。到那智，分別萬事，是非各定，亦都渾是這天理流行。

仁義禮智四者判作兩邊，只作仁義兩箇。如春夏秋冬四時，分來只是陰陽兩箇。春夏屬陽，秋冬屬陰。夏之通暢，只是春之發生盛大處。冬之藏斂，只是秋之肅殺歸宿處。故禮儀三百，威儀三千，只是天理流行顯著處。智之是非確定，只是義之裁斷割正處。文公曰：「禮者，仁之著；智者，義之藏。」

就事物言，父子有親便是仁，君臣有義便是義，夫婦有別便是禮，長幼有序便是智，朋友有信便是信，此是豎觀底意思。

若横而觀之，以仁言，則所謂親、義、序、别、信，皆莫非此心天理流行，又是仁。以義言，則只那合當親、合當義、合當序、合當别、合當信底，皆各當乎理之宜，又是義。以禮言，則所以行乎親、義、序、别、信之有節文，又是禮。以智言，則所以知是五者，當然而不昧，又是智。以信言，則所以實是五者，誠然而不妄，又是信。

若又錯而言之：親親，仁也。所以愛親之誠，則仁之仁也；所以諫乎親，則仁之義也；所以温凊定省之節文，則仁之禮也；自良知無不知是愛，則仁之智也；所以爲事親之實，則仁之信也。從兄，義也。所以爲愛兄之誠，則義之仁也；所以庸敬在兄，則義之義也；所以徐行後長之節文，則義之禮也；自良知無不知是敬，則義之智也；所以爲從兄之實，則義之信也。敬賓，禮也。所以懇惻於中，則禮之仁也；所以接待之宜，則禮之義也；所以周旋之節文，則禮之禮也；所以酬酢而不亂，則禮之智也；所以爲敬賓之實，則禮之信也。察物，智也。是是非非之懇惻，則智之仁也；是是非非之得宜，則智之義也；是是非非之中節，則智之禮也；是是非非之一定，則智之智也；所以爲是非之實，則智之信也。復言，信也〔一〕。由乎天理之公，則信之仁也；發而皆天理之宜，則信之義也；出而中節，則信之禮也；所以有條而不紊，則信之智也；所以爲是言之實，則信之信也。

故有仁義禮智信中之仁，有仁義禮智信中之義，有仁義禮智信中之禮，有仁義禮智信中之智，有仁義禮智信中之信。有仁中之仁義禮智信，有義中之仁義禮智信，有禮中之仁義禮智信，有智中之仁義禮智信，有信中之仁義禮智信。

自其過接處言之，如仁生理流行中，便醞釀箇禮之恭遜節文來。禮恭遜節文中，便醞釀箇義之裁斷得宜來。義裁斷得宜中，便醞釀箇智之是非一定來。到這智是非一定處，已收藏了，於其中又復醞釀〔二〕仁之生理流行來。元自有脈絡相因，非是界分截然不相及。

五者隨感而發，隨用而應，或纔一觸而俱動，或相交錯而互見，或秩然有序而不紊，或雜然並出而不可以序言。大處則大有，小處則小有，疏處則疏有，密處則密有，縱横顛倒，無所不通。

見人之災傷，則爲之惻然，而必慣其所以傷之者，是仁中含帶義來。見人之不善，則爲之憎惡，而必欲其改以從善，是義中含帶仁來。見大賓爲之致敬，必照顧，惟恐其失儀，是禮中含帶智來。見物之美惡黑白，爲之辨別，必自各有定分，不相亂，是智中含帶禮來。

〔一〕「復言信也」原作「復斯言也」，據顧刻本改。　〔二〕顧刻本「醞釀」下有「箇」字。

孔門教人，求仁爲大。只專言仁，以仁含萬善，能仁則萬善在其中矣。至孟子乃兼仁義對言之，猶四時之陰陽也。

自孔門後，人都不識仁。漢人只把做恩惠説，是又太泥了愛。又就上起樓起閣，將仁看得全粗了，故韓子遂以博愛爲仁。至程子始分別得明白，謂「仁是性，愛是情」。然自程子此言一出，門人又將愛全掉了，一向求高遠去。不知仁是愛之性，愛是仁之情，愛雖不可以正名仁，而仁亦豈能離得愛？上蔡遂專以知覺言仁，又流入佛氏「作用是性」之説去。夫仁者固能知覺，謂知覺爲仁則〔一〕不可。若能轉一步看，只知覺純是理，便是仁也。龜山又以「萬物與我爲一」爲仁體。夫仁者固能與物爲一，謂與物爲一爲仁則不可。此乃是仁之量。若能轉一步看，只於與物爲一之前，徹表裏純是天理，流行無間，便是仁也。吕氏克己銘又欲克去有己，須與物合爲一體方爲仁，認得仁都曠蕩在外了，於我都無統攝。必己與物對時，方下得克己工夫。若平居獨處，不與物對時，工夫便無可下手處。可謂疏闊之甚！據其實，己如何得與物合一？洞然八荒，如何得皆在我闥之内？此不過只是想像箇仁中大底氣象如此耳，仁實何在焉！殊失向來孔門傳授心法本旨。其他門人又淺，皆無有説得親切者。

程子論「心譬如穀種，生之性便是仁」，此一語説得極親切。只按此爲準去看，更兼所謂「仁是性，愛是情」及「仁不可訓覺與公，而以人體之，故爲仁」等數語相參照，體認出來，則主意不差而仁可得矣。

〔一〕「則」原作「固」，據上下文及顧刻本改。

仁有以理言者，有以心言者，有以事言者。以理言，則只是此心全體天理之公，如文公所謂「心之德，愛之理」，此是以理言者也。心之德，乃專言而其體也。愛之理，乃偏言而其用也。程子曰：「仁者，天下之公，善之本也。」亦以理言者也。以心言，則知此心純是天理之公，而絶無一毫人欲之私以間之也。如夫子稱「回也，其心〔一〕三月不違仁」，程子謂「只是無纖毫私欲，少有私欲便是不仁」，及「雍也，不知其仁」等類，皆是以心言者也。以事言，則只是當理而無私心之謂。如夷齊求仁而得仁，殷有三仁，及子文之忠、文子之清，皆「未知，焉得仁」等類是也。若以用功言，則只是去人欲，復天理，以全其本心之德而已矣。如夫子當時答羣弟子問仁，雖各隨其材質病痛之不同〔二〕，而其旨意所歸，大概不越乎此。

忠信

忠信是就人用工夫上立字。大抵性中只有箇仁義禮智四位，萬善皆從此而生，此四位實爲萬善之總括。如忠信、如孝弟等類，皆在萬善之中。孝弟便是箇仁之實，但到那事親從兄處，方始目之曰孝弟。忠信便只是五常實理之發，但到那接物發言處，方始名之曰忠信。

忠信二字，從古未有人解得分曉。諸家說忠，都只是以事君不欺爲言。夫忠固能不欺，而以不欺

〔一〕「其心」二字據論語原文及顧刻本增補。　〔二〕「材質病痛之不同」，顧刻本作「材質之不同病痛之所在而救正之」。

名忠則不可。如此，則忠之一字，只事君方使得。説信又只以不疑爲〔一〕言。信固能不疑，而以不疑解信則不可。如此，則所謂不疑者，不疑何事〔二〕？直至程子曰：「盡己之謂忠，以實之謂信。」方説得確定。盡己是盡自家心裏面，以所存主者而言，須是無一毫不盡方是忠。如十分底〔三〕話，只説得七八分，猶留兩三分，便是不盡，不得謂之忠。以實是就言上説，有話只據此實物説，無便曰無，有便曰有。若以無爲有，以有爲無，便是不以實，不得謂之信。忠信非判然二物。從内面發出，無一不盡是忠。發出外來，皆以實是信。明道發得又明暢，曰：「發己自盡爲忠，循物無違爲信。從己心中發出，無一不盡是忠。循那物之實而言，無些子違背他，如是便曰是，不與是底相背，非便曰非，不與非底相背，便是信。」伊川説得簡要確實，明道説得發越條暢。

信有就言上説，是發言之實。有就事上説，是做事之實。有以實理言，有以實心言。

忠信兩字近誠字。忠信只是實，誠也只是實。但誠是自然實底，忠信是做工夫實底。誠是就本然天賦真實道理上立字，忠信是就人做工夫上立字。

忠信之信與五常之信如何分別？五常之信以心之實理而言，忠信之信以言之實而言，須是逐一看得透徹。古人言語有就忠信之信言者，有就五常之信言者，不可執一看。若泥著，則不通。

聖人分上，忠信便是誠，是天道。賢人分上，忠信只是思誠，是人道。

〔一〕「爲」原作「而」，據顧刻本改。

〔二〕顧刻本此句下有「説字意義都不出」。

〔三〕「底」原作「裏」，據顧刻本改。

誠與忠信對，則誠天道，忠信人道。忠與信對，則忠天道，信人道。孔子曰：「主忠信。」主與賓相對，賓是外人，出入無常。主人是吾家之主，常存在這屋裏。以忠信爲吾心之主，是中心〔一〕常要忠信，蓋無時而不在是也。心中所主者忠信，則其中許多道理便都實在；這裏若無忠信，則一切道理都虛了。主字下得極有力。

忠信等字骨看得透，則無往而不通。如事君之忠，亦只是盡己之心以事君。爲人謀之忠，亦只是盡己之心以爲人謀耳。如與朋友交之信，亦只是以實而與朋友交。與國人交之信，亦只是以實而與國人交耳。

忠恕

忠信是以忠對信而論，忠恕又是以忠對恕而論。伊川謂「盡己之謂忠，推己之謂恕」。忠是就心說，是盡己之心無不眞實者。恕是就待人接物處說，只是推己心之所眞實者以及人物而已。字義中心爲忠，是盡己之中心無不實，故爲忠。如心爲恕，是推己心以及人，要如己心之所欲者，便是恕。夫子謂「己所不欲，勿施於人」，只是就一邊論。其實不止是勿施己所不欲者，凡己之所欲者，須要施於人方可。如己欲孝，人亦欲孝，己欲弟，人亦欲弟，必推己之所欲孝、欲弟者以及人，使人〔二〕得以遂其欲孝、欲弟之心；己欲立，人亦欲立，己欲達，人亦欲達，必推己之欲立、欲達者以及人，使人亦得以遂其欲立、

〔一〕「中心」顧刻本作「心中」。　〔二〕顧刻本「人」字下有「亦」字。

欲達之心，便是恕。只是己心底流去到那物而已。然恕道理甚大。在士人，只一門之内，應接無幾，其所推者有限。就有位者而言，則所推者大，而所及者甚廣。苟中天下而立，則所推者愈大。如吾欲以天下養其親，卻使天下之人父母凍餓，不得以遂其孝；吾欲長吾長、幼吾幼，卻使天下之人兄弟妻子離散，不得以安其處；吾欲享四海之富，卻使海内困窮無告者，不得以遂其生生之樂，如此便是全不推己，便是不恕。

大概忠恕只是一物，就中截作兩片則爲二物。上蔡謂「忠恕猶形影」，説得好。蓋存諸中者既忠，發出外來便是恕。應事接物處不恕，則在我者必不十分真實。故發出忠底心，便是恕底事；做成恕底事，便是忠底心。

在聖人分上，則日用千條萬緒，只是一箇渾淪真實底流行去貫注他，更下不得一箇推字。曾子謂「夫子之道忠恕」，只是借學者工夫上二字來形容聖人一貫之旨，使人易曉而已。如木根上一箇生意是忠，則是這一箇生意流行貫注於千枝萬蘂底便是恕。若以忠恕並論，則只到那地頭定處，枝成枝、蘂成蘂底便是恕。

大概忠恕本只是學者工夫事。程子謂：「維天之命，於穆不已，忠也；乾道變化，各正性命，恕也。」天豈能盡己推己，此只是廣就天地言，其理都一般耳。且如維天之命，元而亨，亨而利，利而貞，貞而復元，萬古循環，無一息之停，只是一箇真實無妄道理。而萬物各具此以生，洪纖高下，各正其所賦受之性命，此是天之忠恕也。在聖人，也只是此心中一箇渾淪大本流行泛應，而事事物物莫不各止其所當止之所，此是聖人之忠恕也。聖人之忠便是誠，更不待盡。聖人之恕便只是仁，更不待推。程子曰：「以己及物，仁也；推己及物，恕也。」無他，以己者是自然，推己者是著力。

有天地之忠恕，至誠無息，而萬物各得其所是也。有聖人之忠恕，「吾道一以貫之」是也。有學者之忠恕，「己所不欲，勿施於人」是也。皆理一而分殊。

聖人本無私意，此心豁然大公，物來而順應，何待於推？學者未免有私意錮於其中，視物未能無爾汝之間，須是用力推去，方能及到這物上。既推得去，則亦豁然大公矣。所以子貢問「一言而可以終身行之者」，「其恕乎」。蓋學者須是著力推己以及物，則私意無所容而仁可得矣。

忠是在己底，恕是及〔一〕人底。單言恕，則忠在其中。如曰「推己之謂恕」，「己所不欲，勿施於人」，只己之一字便含忠意了。己若無忠，則從何物推去？無忠而恕，便流爲姑息，而非所謂由中及物者矣。中庸説「忠恕違道不遠」，正是説學者之忠恕。曾子説「夫子之道忠恕」，乃是説聖人之忠恕。聖人忠恕是天道，學者忠恕是人道。

夫子語子貢之恕曰：「己所不欲，勿施於人。」此即是中庸説「施諸己而不願，亦勿施於人也」。異時子貢又曰：「我不欲人之加諸我也，吾亦欲無加諸人。」亦即是此意，似無異旨。而夫子乃以爲「賜也，非爾所及」。至程子又有仁恕之辨，何也？蓋是亦理一而分殊。曰「無加」云者，是以己自然及物之事。曰「勿施」云者，是用力推己及物之事。

〔一〕「及」原作「在」，據顧刻本及文意改。

自漢以來，恕字義甚不明，至有謂「善恕己量主」者，而我朝范忠宣公亦謂「以恕己之心恕人」，不知恕之一字就己上著不得。據他説，恕字只似箇饒人底意。如此則是己有過且自恕己，人有過又并恕人，是相率爲不肖之歸，豈古人推己如心之義乎？故忠宣公謂「以責人之心責己」一句説得是，「以恕己之心[一]恕人」一句説得不是。其所謂恕，恰似今人説「且恕」、「不輕恕」之意。字義不明，爲害非輕。

一貫

一只是這箇道理全體渾淪一大本處。貫是這一理流出去，貫串乎萬事萬物之間。聖人之心，全體渾淪只是一理，這是一箇大本處。從這大本中流出[二]見於用，在君臣則爲義，在父子則爲仁，在兄弟則爲友，在夫婦則爲別，在朋友則爲信。又分而言之，在父則爲慈，在子則爲孝，在君則爲仁，在臣則爲敬。又纖悉而言之，爲視之明，聽之聰，色之温，貌之恭，凡三千、三百之儀，動容周旋之禮。又如鄉黨之條目，如見冕者與瞽者必以貌，如或仕或止，或久或速，或温而厲，或恭而安，或爲居處之恭，或爲執事之敬，凡日用間微而洒掃應對進退，大而參天地贊化育，凡百行萬善，千條萬緒，無非此一大本流行貫串。

自其渾淪一理而言，萬理無不森然具備。自其萬理著見而言，又無非即此一理也。一所以貫乎

[一]「心」字原脱，據顧刻本補。　[二]顧刻本「出」字下有「而著」二字。

萬，而萬無不本乎一。

一貫是天道一以貫之，聖人此語向曾子説得甚親切。曾子忠恕，即所以形容此一貫，借人道之實以發明天道之妙，尤爲確定切實。蓋忠即是一，恕即是貫。夫盡己之心真實無妄，則此心渾淪是一箇天理，即此便是大本處，何物不具於此。由是而酬酢應接，散爲萬事，那箇事不從這心做去？那箇道理不從這裏發出？即此便見一貫處。故曾子之説，於理尤爲確定切實，於聖人之蘊尤爲該盡，而於學者尤爲有力。其進道入德，有可依據實下手處。

在學者做工夫，不可躐進。那所謂一，只當專從事。其所謂貫，凡日用間千條萬緒，各一一精察其理之所以然，而實踐其事之所當然，然後合萬理爲一理。而聖人渾淪太極之全體，自此可以上達矣。

天只是一元之氣流行不息如此，即這便是大本，便是太極。萬物從這中流出去，或纖或洪，或高或下，或飛或潛，或動或植，無不各得其所欲，各具一太極去，箇箇各足，無有欠缺。亦不是天逐一去妝點，皆自然而然從大本中流出來。此便是天之一貫處。

誠

誠字與忠信字極相近，須有分别。誠是就自然之理上形容出一字，忠信是就人用工夫上説。

誠字後世都説差了，到伊川方云「無妄之謂誠」，字義始明。至晦翁又增兩字，曰「真實無妄之謂誠」，道理尤見分曉。後世說至誠兩字，動不動加諸人，只成箇謙恭謹愿底意思。不知誠者真實無妄之謂，至誠乃是真實極至而無一毫之不盡，惟聖人乃可當之，如何可容易以加諸人？

誠字本就天道論，「維天之命，於穆不已」，只是一箇誠。天道流行，自古及今，無一毫之妄。暑往則寒來，日往則月來，春生了便夏長，秋殺〔一〕了便冬藏，元亨利貞，終始循環，萬古常〔二〕如此，皆是真實道理爲之主宰。如天行一日一夜，一周而又過一度，與日月星辰之運行躔度，萬古不差，皆是真實道理如此。又就果木觀之，甜者萬古甜，苦者萬古苦，青者萬古常青，白者萬古常白，紅者萬古常紅，紫者萬古常紫，圓者萬古常圓，缺者萬古常缺，一花一葉，文縷相等對，萬古常然，無一毫差錯，便待人力十分安排撰造來，終不相似，都是真實道理，自然而然。此中庸所以謂「其爲物不貳〔三〕，則〔四〕其生物不測」，而五峯亦曰「誠者，命之道乎」，皆形容得親切。

就人論，則只是這實理流行付予於人，自然發見出來底，未說到做工夫處。且誠之一字，不成受生之初便具這理，到賦形之後未死之前，這道理便無了？在吾身日用常常流行發見，但人不之察耳。如孩提之童，無不知愛親敬兄，都是這實理發見出來，乃良知良能，不待安排。又如乍見孺子將入井，便有怵惕之心。至行道乞人飢餓瀕死，而蹴爾嗟來等食乃不屑就，此皆是降衷秉彝真實道理，自然發見出來。雖極惡之人，物慾昏蔽之甚，及其稍息，則良心之實自然發見，終有不可殄滅者。此皆天理自然

〔一〕「殺」顧刻本作「收」。〔二〕「常」顧刻本作「長」。〔三〕「貳」原訛爲「二」，據中庸原文及顧刻本改。〔四〕「則」字據中庸原文及顧刻本補。

流行真實處。雖曰見於在人，而亦天之道也。及就人做工夫處論，則只是慤實不欺僞之謂。是乃人事之當然，便是人之道也。故存心全體慤實，固誠也；若一言之實，亦誠也，一行之實，亦誠也〔一〕。如「君子誠之爲貴」，「誠之者，人之道」，此等就做工夫上論。蓋未能真實無妄，便須做工夫，要得真實無妄。孟子又謂「思誠者，人之道〔二〕」，正是得子思此理傳授處。古人立意，有就天命言者，有就人做工夫言者。至於「至誠」二字，乃聖人德〔三〕性地位，萬理皆極其真實，絶無一毫虚僞，乃可以當之。

誠在人言，則聖人之誠，天之道也；賢人之誠，人之道也。

誠有以理言者，若「誠者，物之終始」是也。有以心言者，若「不誠無物」是也。如君臣、父子、夫婦、兄弟、朋友等類，若不是實理如此，則便有時廢了。惟是實理如此，所以萬古常然。雖更亂離變故，終有不可得而殄滅者。

誠與信相對論，則誠是自然，信是用力；誠是理，信是心；誠是天道，信是人道。誠是以命言，信是以性言。誠是以道言，信是以德言。

敬

誠與敬字不相關，恭與敬字卻相關。

〔一〕顧刻本此處有雙行小注：「萍鄉胡氏曰：自然者其體，當然者其用，用便根那體來。」〔二〕顧刻本「道」下有「也」字。〔三〕顧刻本「德」字下注「一本作盡」。

程子謂「主一之謂敬，無適之謂一」。文公合而言之，曰「主一無適之謂敬」，尤分曉。敬一字，從前經書說處儘多，只把做閒慢說過，到二程方拈出來，就學者做工夫處說，見得這道理尤緊切，所關最大。敬字本是箇虛字，與畏懼等字相似，今把做實工夫，主意重了，似箇實物事〔一〕一般。

人心妙不可測，出入無時，莫知其鄉。敬〔二〕所以主宰統攝。若無箇敬，便都不見了。惟敬，便存在這裏。所謂敬者無他，只是此心〔三〕常存在這裏，不走作，不散慢，常恁地惺惺，便是敬。

主一只是心主這箇事，更不別把箇事來參插。若做一件事，又插第二件事，又參第三件事，便不是主一，便是不敬。文公謂「勿貳以二，勿參以三」，正如此。

無事時，心常在這裏，不走作，固是主一。有事時，心應這事，更不將第二第三事來插，也是主一。

無適者，心常在這裏，不走東，不走西，不之南，不之北。

程子就人心做工夫處，特注意此字。蓋以此道理貫動靜，徹表裏，一始終，本無界限。閒靜無事時也用敬，應事接物時也用敬。心在裏面也如此，動出於外來做事也如此。初頭做事也如此，做到末梢〔四〕也如此。此心常無間斷，纔間斷便不敬。

格物致知也須敬，誠意正心修身也須敬，齊家治國平天下也須敬。敬者，一心之主宰，萬事之根本。

〔一〕「事」字據顧刻本增。　〔二〕「敬」字據顧刻本補。　〔三〕「心」原作「敬」，據顧刻本改。　〔四〕「梢」原作「稍」，據北溪全集本改。

禮謂「執虚如執盈，入虚如有人」，只就此二句體認持敬底工夫，意象最親切。且如人捧箇至盈底物，心若不在這上，纔移一步便傾了。惟執之拳拳，心常常在這上，雖行到那裏也不傾倒。「入虚如有人」，雖無人境界，此心常嚴肅，如對大賓然，此便是主一無適意。又如人入神祠中，此心全歸向那神明上，絶不敢生些他念，專專一一，便自不二不三，就此時體認，亦見得主一無適意分曉。

整齊嚴肅，敬之容。如坐而傾跌〔一〕，衣冠落魄，便是不敬。

上蔡所謂常惺惺法，是就心地上做工夫處，説得亦親切。蓋心常醒在這裏，便常惺惺，恁地活。若不在，便死了。心纔在這裏，則萬理森然於其中。古人謂「敬，德之聚」，正如此。須實下持敬工夫，便自見。

文公敬齋箴，正是鋪敍日用〔二〕持敬工夫節目，最親切，宜列諸左右，常目在之，按爲凖則做工夫，久久自別。

恭敬

恭就貌上説，敬就心上説。恭主容，敬主事。

恭有嚴底意，敬字較實。

身體嚴整，容貌端莊，此是恭底意。但恭只是敬之見於外者，敬只是恭之存於中者。敬與恭不是

〔一〕「跌」顧刻本作「側」。〔二〕「敍」原作「序」，「用」原作「間」，均據顧刻本改。

二物，如形影然，未有内無敬而外能恭者，亦未有外能恭而内無敬者。此與忠信、忠恕相關一般。「坐如尸，立如齋」，便是敬之容。「正其衣冠，尊其瞻視，儼然人望而畏之」，便是恭之容。敬，工夫細密；恭，氣象闊大。敬，意思卑屈；恭，體貌尊嚴。文公曰：「以成德而論，則敬字不如恭之安。以學者做工夫而言，則恭字不如敬之切。」古人皆如此著力，如堯之欽明，舜之温恭，湯之聖敬日躋，文王之緝熙敬止，都是如此。

北溪字義卷下

道

道，猶路也。當初命此字是從路上起意。人所通行方謂之路，一人獨行不得謂之路。道之大綱，只是日用間人倫事物所當行之理。衆人所共由底方謂之道。大概須是就日用人事上説，方見得人所通行底意親切。若推原來歷，不是人事上剗然有箇道理如此，其根原皆是從天來。故横渠謂「由太虚，有天之名；由氣化，有道之名」，此便是推原來歷。天卽理也。古聖賢説天，多是就理上論。理無形狀，以其自然而言，故謂之天。若就天之形體論，也只是箇積氣，恁地〔一〕蒼蒼茫茫，其實有何形質。但横渠此天字是説理。理不成死定在這裏？一元之氣流出來，生人生物，便有箇路脈，恁地便是人物所通行之道。此就造化推原〔二〕其所從始如此。至子思説「率性之謂道」，又是就人物已受得來處説，隨其所受之性，便自然有箇當行之路，不待人安排著。其實道之得名，須就人所通行處説，只是日用人事所當然之理，古今所共由底路，所以名之曰道。

老莊説道，都與人物不相干，皆以道爲超乎天地器形〔三〕之外。如云「道在太極之先」，都是説未有天地萬物之初，有箇空虚道理。且自家身今見在天地之後，只管想像未有天地之初一箇空虚底道理，

〔一〕「地」字據顧刻本補。　〔二〕「原」原作「行」，據顧刻本改。　〔三〕「器形」顧刻本作「形氣」。

與自家身有何干涉？佛氏論道，大概亦是此意。但老氏以無爲宗，佛氏以空爲宗，以未有天地之先爲吾真體，以天地萬物皆爲幻化，人事都爲粗迹，盡欲屏除了，一歸真空，乃爲得道。不知道只是人事之理耳。「形而上者謂之道，形而下者謂之器。」自有形而上者言之，其隱然不可見底則謂之道。自有形而下者言之，其顯然可見底則謂之器。其實道不離乎器，道只是器之理。人事有形狀處都謂之器，人事中之理便是道。道無形狀可見，所以明道曰：「道亦器也，器亦道也。」須著如此說，方截得上下分明。

道非是外事物有箇空虛底，其實道不離乎物，若離物則無所謂道。且如君臣有義，義底是道，君臣是器。若要看義底道理，須就君臣上看。不成脱了君臣之外別有所謂義？父子有親，親底是道，父子是器。若要看親底道理，須就父子上看。不成脱了父子之外別有所謂親？即夫婦，而夫婦在所別；即長幼，而長幼在所序；即朋友，而朋友在所信。亦非外夫婦、長幼、朋友而有所謂別、序[一]與信。聖門之學，無一不實。老氏清虛厭事，佛氏屏棄人事，他都是把道理做事物項頭玄妙底物看，把人事做下面粗底，便都要擺脱去了。

若就事事物物上看，亦各自有箇當然之理。且如足容重，足是物，重是足當然之理。手容恭，手是物，恭是手當然之理。如視思明，聽思聰，明與聰便是視聽當然之理。又如坐如尸，立如齋，如尸如齋便是坐立當然之理。以類而推，大小高下，皆有箇[二]恰好底道理，古今所通行而不可廢者。自聖門實

[一]「序」原作「敍」，據顧刻本改。　[二]「箇」字下顧刻本有「當然」二字。

學不明，然後有老、莊、佛氏一切等說。後世儒者纔說到道，便涉老莊去。如子雲用心亦甚苦，然說到道理，皆是黄老意。如中首所謂靈根及「爰清爰淨，游神之庭，惟寂惟寞，守德之宅」等說，都是純用老子意。

論道之大原，則是出於天。自未有天地之先，固是先有理。然纔有理，便有氣，纔有氣，此理便在乎氣之中，而不離乎氣。氣無所不在，則理無所不通。其盛著見於造化發育，而其實流行乎日用人事，千條萬緒。人生天地之内，物類之中，全具是道，與之俱生，不可須臾離。故欲求道者，須是就人事中，盡得許多千條萬緒當然之理，然後可以全體是道，而實具於我。非可舍吾身人事，超乎二氣之表，只管去窮索未有天地始初之妙爲道體，則在此身有何干涉？此佛、老、莊、列異端邪說所以爲吾道之賊，學者不可不嚴屏峻卻。而聖門實學，坦如康莊，學者亦不可自暴自棄而不由也。

學者求道，須從事物千條萬緒中磨錬出來。

道流行乎天地之間，無所不在，無物不有，無一處欠缺。子思言「鳶飛」、「魚躍」、「上下察」以證之，有以見道無不在，甚昭著分曉。在上則鳶飛戾天，在下則魚躍于淵，皆是這箇道理。程子謂此是子思喫緊爲人處，活潑潑地。所謂「喫緊」云者，只是緊切爲人說。所謂「活潑潑地」云者，只是真見這道理在面前，如活底物相似。此正如顔子所謂「卓爾」，孟子所謂「躍如」之意，都是真見得這道理分明，故如此說。

易說「一陰一陽之謂道」。陰陽，氣也，形而下者也。道，理也，只是陰陽之理，形而上者也。孔子此處是就造化根原上論。大凡字義，須是隨本文看得透方可。如「志於道」、「可與適道」、「道在邇」等類，又是就人事上論。聖賢與人説道，多是就人事上説。惟此一句，乃是贊易時説來歷根原。儒中竊禪學者，又直指陰陽爲道，便是指氣爲理了。

韓公原道頭四句，如所謂「博愛之謂仁，行而宜之之謂義」，盡説從外面去。其論德，如「足乎己，無待於外」之言，雖未圓，猶未害。至「由是而之焉之謂道」，則道全在人力修爲之方有，而非子思中庸率性本然之道。如老子「失道而後德，失德而後仁，失仁而後義」等語，又把道都脱從上面去説，與德、仁、義都分裂破碎了。揚子雲又謂「老氏之言道德，吾有取焉耳，及搥提仁義，吾無取焉耳」，是又把道德、仁義判做二物，都不相交涉了。

韓公學無原頭處。如原道一篇鋪敍許多節目，亦可謂見得道之大用流行於天下底分曉，但不知其體本具於吾身[一]，故於反身内省處殊無細密工夫。只是與張籍輩吟詩飲酒度日，其中自無所執守，致得後來潮陽之貶，寂寞無聊中，遂不覺爲大顛説道理動了，故俛首與之同游，而忘其平昔排佛老之説。

理

道與理大概只是一件物，然析爲二字，亦須有分别。道是就人所通行上立字。與理對説，則道字

[一]顧刻本於此句下有「朱子譏其引大學不及致知格物」一句。

較寬，理字較實，理有確然不易底意。故萬古通行者，道也；萬古不易者，理也。理無形狀，如何見得？只是事物上一箇當然之則便是理。「則」是準則、法則，有箇確定不易底意。只是事物上正當合做處便是「當然」，即這恰好，無過些，亦無不及些，便是「則」。如爲君止於仁，止仁便是爲君當然之則；爲臣止於敬，止敬便是爲臣當然之則；爲父止於慈，爲子止於孝，孝慈便是父子當然之則。又如足容重，重便是足容當然之則；手容恭，恭便是手容當然之則。如尸便是坐中當然之則，如齋便是立中當然之則。古人格物窮理，要就事物上窮箇當然之則，亦不過只是窮到那合做處、恰好處而已。

理與性字對說，理乃是在物之理，性乃是在我之理。在物底便是天地人物公共底道理，在我底乃是此理已具，得爲我所有者。

理與義對說，則理是體，義是用；理是在物當然之則，義是所以處此理者。故程子曰：「在物爲理，處物爲義。」

德

道是天地間本然之道，不是因人做工夫處論。德便是就人做工夫處論。德是行是道而實有得於吾心者，故謂之德。何謂行是道而實有得於吾心？如實能事親，便是此心實得這孝。實能事兄，便是此心實得這悌。大概德之一字，是就人做工夫已到處論，乃是做工夫實有得於己了，不是就方做工夫時說。

大概德者，得也，不能離〔一〕一箇得字。古經書雖是多就做工夫實有得上說，然亦有就本原來歷上論。如所謂「明德」者，是人生所得於天，本來光明之理具在吾心者，故謂之明德。如孩提之童，無不知愛親敬兄，此便是得於天本明處。有所謂「達德」者，是古今天下人心之所同得，故以達言之。有所謂「懿德」者，是得天理之粹美，故以懿言之。又有所謂「德性」者，亦只是在我所得於天之正理，故謂之德性。又有所謂「天德」者，自天而言，則此理公共，在天得之，爲天德；其道流行賦予，爲物之所得，亦謂之天德。若就人論，則人得天之理以生，亦謂之天德；其所爲純得天理之真，而無人僞之雜，亦謂之天德。

道與德不是判然二物。大抵道是公共底，德是實得於身，爲我所有底。

太極

太極只是渾淪極至之理，非可以氣形言。古經書說太極，惟見於易。繫辭傳曰：「易有太極。」易只是陰陽變化，其所爲陰陽變化之理，則太極也。又曰：「三極之道」。三極云者，只是三才極至之理。其謂之三極者，以見三才之中各具一〔二〕極，而太極之妙無不流行於三才之中也。外此百家諸子都說差了，都說屬氣形去。如漢志謂「太極函三爲一」，乃是指做天地人三箇氣形已具而渾淪未判底物。老子說「有物混成，先天地生」，此正是指太極。莊子謂「道在太極之先」，所謂太極，亦是指三才未判渾淪

〔一〕「離」下原有「得」字，據顧刻本刪。

〔二〕顧刻本「一」字下有「太」字。

底物，而道又别是一箇懸空底物，在太極之先，則道與太極分爲二矣。不知道即是太極，道是以理之通行者而言，太極是以理之極至者而言。惟理之極至，所以古今人物通行；惟古今人物通行，所以爲理之極至。更無二理也。

太極字義不明，直至濂溪作太極圖，方始説得明白。所謂「無極而太極」，而字只輕接過，不可就此句中間截作兩截看。無極是無窮極，只是説理之無形狀方體，正猶言無聲無臭之類。太之爲言甚也，太極是極至之甚，無可得而形容，故以太名之。此只是説理雖無形狀方體，而萬化無不以之爲根柢樞紐，以其渾淪極至之甚，故謂之太極。文公解此句，所謂「上天之載」是以理言，所謂「無聲無臭」是解無極二字，所謂「萬化之樞紐、品彙之根柢」是解太極二字，又結以「非太極之外復有無極也」，多少是分明。

太極只是以理言也。理緣何又謂之極？極，至也。以其在中，有樞紐之義。如皇極、北極等，皆有在中之義。不可便訓極爲中。蓋極之爲物，常在物之中，四面到此都極至，都去不得。如屋脊梁謂之屋極者，亦只是屋之衆材，四面湊合到此處皆極其中；就此處分出去，布爲衆材，四面又皆停匀，無偏剩偏欠之處。如塔之尖處便是極。如北極，四面星宿皆運轉，惟此處不動，所以爲天之樞。若太極云者，又是就理論。天所以萬古常運，地所以萬古常存，人物所以萬古生生不息，不是各各自恁地，都是此理在中爲之主宰，便自然如此。就其爲天地主宰處論，恁地渾淪極至，故以太極名之。蓋總天地萬物之理到此湊合，皆極其至，更無去處，及散而爲天地，爲人物，又皆一一停匀，無少虧欠，所以謂之太極。

太極只是總天地萬物之理而言，不可離了天地萬物之外而别爲之論。纔說離天地萬物而有箇理，便成兩截去了。

畢竟未有天地萬物之先，必是先有此理。然此理不是懸空在那裏。纔有天地萬物之理，便有天地萬物之氣；纔有天地萬物之氣，則此理便全在天地萬物之中。周子所謂「太極動而生陽，静而生陰」，是有這動之理，便能動而生陽，纔動而生陽，則是理便已具於陽動之中；有這静之理，便能静而生陰，纔静而生陰，則是理便已具於陰静之中。然則纔有理，便有氣，纔有氣，理便全在這氣裏面。那相接處全無些子縫罅，如何分得孰爲先、孰爲後？所謂動静無端，陰陽無始。若分别得先後，便成偏在一邊，非渾淪極至之物。

老氏說「道在天地之先」，也略有此意。但不合都離了天地人物外，别說箇懸空底[一]道理，把此後都做粗看了。

總而言之，只是渾淪一箇理，亦只是一箇太極；分而言之，則天地萬物各具此理，亦各有一太極，又都渾淪無欠缺處。自其分而言，便成許多道理。若就萬物上總論，則萬物統體渾淪，又只是一箇太極。人得此理具於吾心，則心爲太極。所以邵子曰「道爲太極」，又曰「心爲太極」。謂道爲太極者，言道即太極，無二理也。謂心爲太極者，只是萬理總會於吾心，此心渾淪是一箇理耳。只這道理流行，出而應接事物，千條萬緒，各得其理之當然，則是又各一太極。就萬事總言，其實依舊只是一理，是渾淪一太極

〔一〕「底」原作「裏」，據顧刻本改。

也。譬如一大塊水銀恁地圓，散而爲萬萬小塊，箇箇皆圓。合萬萬小塊復爲一大塊，依舊又恁地圓。陳幾叟月落〔一〕萬川處處皆圓之譬，亦正如此。此太極所以立乎天地萬物之表，而行乎天地萬物之中，在萬古無極之前，而貫於萬古無極之後。自萬古而上，極萬古而下，太抵又只是渾淪一箇理，總爲一太極耳。此理流行，處處皆圓，無一處欠缺。纔有一處欠缺，便偏了，不得謂之太極。太極本體本自圓也。

太極之所以極至者，言此理之至中、至明、至精、至粹、至神、至妙，至矣，盡矣，不可以復加矣。故强名之曰極耳。

無極之説，始於誰乎？柳子天對曰：「無極之極。」康節先天圖説亦曰：「無極之前，陰含陽也；有極之後，陽分陰也。」是周子以前已有無極之説矣。但其主意各不同，柳子、康節是以氣言，周子則專以理言之耳。

皇極

書所謂「皇極」，皇者，君也。極者，以一身爲天下至極之標準也。孔安國訓作大中，全失了字義。人君中天下而立，則正身以爲四方之標準，故謂之皇極。若就君德論，則德到這處，極至而無以加。以孝言之，則極天下之孝；以弟言之，則極天下之弟。德極其至，而天下之人以爲標準，周禮所謂「以爲民極」，正是此意。

〔一〕「落」顧刻本作「映」。

詩說「立我蒸民，莫匪爾極」，又是就牟麥上論。后稷以此教民，民亦以此爲準則。皇極，域中之大寶，又是就崇高富貴之位而言。大君，極至之位，四面尊仰，無以復加，所以謂之大寶，亦謂之寶極。商邑，四方之極，則以其居中爲四方之極，而四方輻輳，至此而無以復加也。自孔安國訓「皇極」爲「大中」，後來谷永疏言「明王正五事，建大中以承天心」，便都循〔一〕習其說，更不復知古人立字本義。且如「皇則受之，皇之不極」訓爲「大則受之，大之不中」，「惟皇作極」訓爲「惟大作中」，成甚等語？義理如何通得？

中和

中和是就性情說。大抵心之體是性，性不是箇別物，只是心中所具之理耳。只這理動出外來便是情。中是未接事物，喜怒哀樂未發時，渾淪在這裏，無所偏倚，即便是性。及發出來，喜便偏於喜，怒便偏於怒，不得謂之中矣。然未發之中，只可言不偏不倚，卻下不得過不及字。及發出來皆中節，方謂之和。和是無所乖戾，只裏面道理發出來，當喜而喜，當怒而怒，無所乖戾於理，便是中節。中節亦只是得其當然之理，無些過，無些不及，與是理不相拂戾，故名之曰和耳。

中者，天下之大本，只是渾淪在此，萬般道理都從這裏出，便爲大本。和者，天下之達道，只是這裏動出，萬般應接，無少乖戾而無所不通，是爲達道。

〔一〕「循」原作「尋」，據顧刻本改。

中有二義：有已發之中，有未發之中。未發是就性上論，已發是就事上論。已發之中，當喜而喜，當怒而怒，那恰好處，無過不及，便是中。此中卽所謂和也。所以周子通書亦曰：「中者，和也。」是指已發之中而言也。

堯舜禹「允執厥中」，皆是已發之中。若是裏面渾淪未發，未有形影，如何執得？及發出來方可執。此事合當如此，彼事合當如彼，方有箇恰好準則，無太過不及處，可得而操執之也。

中庸篇只舉喜怒哀樂四者，只是舉箇大綱而已。其實從裏面發出來底，當然而然，無所拂於理者，都是和。

釋氏之論，大概欲滅情以復性。李翺作復性論二篇，皆是此意。翺雖與韓文公遊，文公學無淵源，見理不明瑩，所以流入釋氏去。釋氏要喜怒哀樂百念都無，如何無得？只是有正與不正耳。正底便是天理，不正底便是人欲。

大抵中和之中，是專主未發而言。中庸之中，卻又是含二義：有在心之中，有在事物之中。所以文公解「中庸」二字，必合內外而言，謂「不偏不倚，無過不及，而平常之理」，可謂確而盡矣。

中庸

文公解庸爲平常。非於中之外復有所謂庸，只是這中底發出於外，無過不及，便是日用道理。平常與怪異字相對，平常是人所常用底，怪異是人所不曾行，忽然見之便怪異。如父子之親，君臣之義，夫婦之別，長幼之序，朋友之信，皆日用事，便是平常底道理，都無奇特底事。如堯舜之揖遜，湯武之征伐，夷齊之立節，三仁之制行；又如視之思明，聽之思聰，色之思温，貌之思恭，與夫足容之重，手容之恭，頭容之直，氣容之肅，及言忠信，行篤敬，居處恭，執事敬等類，論其極致，只是平常道理。凡日用間人所常行而不可廢者，便是平常道理。惟平常，故萬古常行而不可易。如五穀之食，布帛之衣，萬古常不可改易，可食可服而不可厭者，無他，只是平常耳。故平常則自有不可易之義。其餘珍奇底飲食衣服，則可供一時之美，終不可以爲常。若常常用之，則必生厭心矣。

程子謂「不易之謂庸」，説得固好，然於義未盡，不若文公平常之説爲明備。蓋平常字包得不易字意，不易字包不得平常字意，其實則一箇道理而已。游定夫謂：「中和以性情言，是分體用動静，相對説。中庸以德行言，是兼行事，相合説。」

禮樂

禮樂有本有文。禮只是中，樂只是和，中和是禮樂之本。然本與文二者不可一闕。禮之文，如玉帛俎豆之類。樂之文，如聲音節奏之類。須是有這中和，而又文之以玉帛俎豆、聲音節奏，方成禮樂。不只是偏守中和底意思，便可謂之禮樂。

就心上論，禮只是箇恭底意，樂只是箇和底意，本是裏面有此敬與和底意。然此意何自而見？須於賓客祭祀時，將之以玉帛，寓之以籩豆，播之於聲音節奏間，如此則内外本末相副，方成禮樂。若外面有玉帛鐘鼓，而裏面無和敬之心以實之，則不成禮樂。若裏面有和敬之心，而外面無玉帛鐘鼓以將之，亦不成禮樂。

禮樂亦不是判然二物，不相干涉。禮只是箇序，樂只是箇和。纔有序便順而和，失序便乖而不和。如兩箇椅子，纔下得失倫序，便乖戾不和。如父子、君臣、兄弟、夫婦，所以相戕相賊，相争相鬬，相仇相怨，如彼其不和者，都緣是先無箇父子、君臣、夫婦、兄弟之禮，無親義序别，便如此。

禮樂無所不在，所謂「明則有禮樂，幽則有鬼神」，如何離得？如盜賊至無道，亦須上下有統屬，此便是禮底意。纔有統屬，便自相聽從，自相和睦，這便是樂底意。又如行路人，兩箇同行，纔存箇長少次序。長先少後，便相和順而無争。其所以有争鬬之心，皆緣是無箇少長之序。既自先亂了，安得有和順底意？於此益〔一〕見禮先而樂後。

人徒見升降裼襲有類乎美觀，鏗鏘節奏有近乎末節，以爲禮樂若無益於人者，抑不知釋回〔二〕增美，皆由於禮器之大備，而好善聽過，皆本於樂節之素明。禮以治躬，則莊敬不期而自肅。樂以治心，則鄙詐不期而自消。蓋接於視聽者，所以養其耳目，而非以娱其耳目；形於舞蹈者，所以導其血氣，而非以亂其血氣，則禮樂之用可知矣。

經權

〔一〕「益」原作「抑」，據顧刻本改。

〔二〕「回」原誤作「面」，據顧刻本改。

用權須是地〔一〕位高方可。經與權相對，經是日用常行道理，權也是正當道理，但非可以常行，與日用常行底異。公羊謂「反經而合道」，説誤了。既是反經，焉能合道？權只是濟經之所不及者也。權字乃就秤錘上取義。秤錘之爲物，能權輕重以取平，故名之曰權。權者，變也。在衡有星兩之不齊，權便移來移去，隨物以取平。亦猶人之用權度揆度事物以取其中相似。

經所不及，須用權以通之。然用權須是地位高方可，非理明義精便差，卻到合用權處亦看不出。權雖經之所不及，實與經不相悖，經窮則須用權以通之。柳宗元謂「權者，所以達經也」，説得亦好。蓋經到那裏行不去，非用權不可濟。如君臣定位，經也。桀紂暴橫，天下視之爲獨夫，此時君臣之義已窮，故湯武征伐以通之，所以行權也。男女授受不親，此經也。嫂溺而不援，便是豺狼，故援之者，所以通乎經也。如危邦不入，亂邦不居，此經也。佛肸召，子欲往，則權也。然須聖人理明義精，方用得不差。

權，只是時措之宜。「君子而時中」，時中便是權。天地之常經是經，古今之通義是權。問權與中何別？曰：知中然後能權，由權然後得中。中者，理所當然而無過不及者也。權者，所以度事理而取其當然，無過不及者也。

論語從共學至可與立，方可與權。天下事到經所不及處，實有礙，須是理明義精，方可用權。且如武后易唐爲周，張柬之輩於武后病中抉策中宗出來。胡氏〔二〕管見説武后乃社稷之賊，又是太宗才人，

〔一〕「地」字據顧刻本補。

〔二〕「胡氏」二字據顧刻本補。按「胡氏」指胡寅，著有致堂讀史管見。

無婦道，當正大義，稱高祖、太宗之命，廢爲庶人而賜之死。但天下豈有立其子而殺其母？南軒謂此時當别立箇賢宗室，不應立中宗，他也只見得後來中宗不能負荷，故發此論。文公謂：南軒之説亦未是，須是身在當時，親見得人心事勢是如何。如人拳拳中宗，中宗又未有失德，如何廢得？人心在中宗，纔廢便亂。須是就當時看得端的，方可權度。所以用權極難。

先生所編文公竹林精舍語録〔一〕，亦以後來言之，則中宗不可立，以當時言之，中宗又未有可廢之罪。天下人心皆屬望中宗，高宗别無子，不立中宗，又恐失天下之望。是時承乾亦有子，但人心不屬，若卒然妄舉，失人心，做不行。又事多最難處，今生數百年後，只據史傳所載，不見得當時事情，亦難斷定。須是身在當時，親見那時事情如何。若人心不在中宗，方可别立宗室；若人心在中宗，只得立中宗。

文中子説：「權義舉而皇極立。」説得亦未盡。權固義精者然後用得不差，然經亦無義不得。蓋合當用經時須用經，當用權時須用權，度此得宜便是義，便是二者都不可無義。如秦王世民殺太子建成，是不當用權而用權者也。王魏不死於建成而事太宗，是當守經而不守經者也。自魏晉而下，皆於國統未絶，而欺人孤寡，託爲受禪，皆是當用經而不用經，不當用權而用權者也。又如季札終於固讓而不肯立，卒自亂其宗國，是於守經中見義不精者也。張柬之等五王反正，中宗誅諸武而留一武三思，卒自罹禍之慘，是於用權中見義不精者也。

〔一〕按：自此句以下，疑係陳淳門人王雋所增。句中「先生」指陳淳，「文公」即朱熹。今改排小字，另爲一段。

義利

義與利相對而實相反。纔出乎義，便入乎利，其間相去甚微，學者當精察之。自文義而言，義者，天理之所宜；利者，人情之所欲，欲是所欲得者。就其中推廣之，纔是天理所宜底，即不是人情所欲；纔是人情所欲底，即不合於天理之所宜。天理所宜者，即是當然而然，無所爲而然也。人情所欲者，只是不當然而然，有所爲而然也。天理所宜是公，人情所欲是私。如貨財、名位、爵禄等，此特利之粗者。如計較强弱多寡便是利，如取己之便宜亦是利，如求名覬效，如徇己自私，如徇人情而爲之，如有外慕底心，皆是利。然貨財、名位、爵禄等，亦未可便做利，只當把一件事看，但此上易陷於利耳。

古人取民，惟以井田什一之賦。此是取以爲天下國家經常之用，不可缺者。其餘山林川澤，悉與民共之，無一毫私取以爲己有。蓋聖人出來君天下，姑以應天下之望，不以天下爲己利。所以凡事皆公天下之大義而爲之，分天下之地爲萬國，與有德有功者共之。王畿千里，公侯百里，伯七十里，子男五十里，庶人受田百畝。孟子謂「行一不義、殺一不辜而得天下，不爲」，最説得聖人心上大義出。天下是至大底物，一不義不辜是至微底事，不肯以其所至微而易其所至大，可見此心純是義，無一點利底意思。後世以天下爲己私，已是利了，及做一切事都是利。毁封建公天下之大法而爲郡縣，欲總天下之權歸於己，不能井天下之田以授民。民自買田爲生，官司又取他牙税。及秋夏取税，名色至多，至茶鹽酒酤，民生公共急切之用，盡括爲己有。凡此等大節目處，都是自利之私，無一點義。其他詭譎自私微細曲折處，更不待説。

在學者論之，如貨財亦是人家爲生之道，似不可闕，但當營而營，當取而取，便是義。若出於詭計左道，不當營而營，不當取而取，便是利。有一般人已自足用，又過用心於營殖，固是利。又有一般人生長富足，不復營殖，若不爲利，然吝嗇之意篤，計較之心重，合當切用，一毫不拔，此尤利之甚者。如名位爵禄，得之以道，非出於私意計較，是當得而得，便是義。若得之不以道，出於私意計較，是不當得而得，如鬻爵鬻舉，左道圖薦，章苞苴，營差遣等類，皆是利。如萬鍾不辨禮義，乃爲宫室、妻妾、所識窮乏而受之，便是利。原思爲宰，義當受常禄之粟九百，他卻以爲多而辭之，便是利，不是義。子華爲師使於齊，義不當請粟，而冉子爲之請，便是利。周公以叔父之親處三公，享天下之富，是義之所當享。季氏以魯卿而富於周公，乃過於封殖，便是利。

有所爲而爲，如有所慕而爲善，有所畏而不爲惡，皆是利。如爲穫而耕，爲畬而菑，便是利。於耕而望穫，利〔一〕，於菑而望畬，亦是利。易曰：「不耕穫，不菑畬。」是無所爲於前，無所覬於後，此方是義。如「哭死而哀，非爲生者也；經德不回，非以干禄也；言語必信，非以正行也」，此皆是當然而然，便是義。如爲生而哀，爲干禄而不回，爲正行而必信，便是利。如赤子入井，是所當救而惻隱自生於中，便是義。若爲内交要譽，惡其聲而然，便是利。

〔一〕顧刻本無此「利」字。

計較之私，如以天下儉其親，便是利。齊王見牛不忍，固是仁心之發，然以小易大，便是利。子貢欲去告朔之餼羊，是計較無益之費，便是利。孔子愛其禮不愛其羊，便是義。梁惠王移民移粟，計較民之多寡，是利。顏子犯而不校。若計較曲直勝負，亦是利。或論文而曰「我工爾拙」，論功而曰「我高爾低」，論德而曰「我優爾劣」，皆是利〔一〕。

取己便宜，小處如共食而自揀其美，如共處而自擇其安，共市物而爭取其尤，都是利。大處如舍義取生，固人之所欲，然義所當死，只得守義而死，豈可以己不便而生顧戀之私？如揚雄甘事王莽，已自錯了，後來迫於追捕，又卻投閣，是偷生惜死，忘義顧利。魏徵背建成而事太宗，李陵戰敗而降虜，皆是忘義惜死，取己自便。

求名之私，如好名能讓千乘之國；如以德報怨，欲求仁厚之名；仲子避兄離母居於陵，欲沽廉潔之名；微生高乞醯，掠美市恩以歸於己，都是利於美名。

徇己自私，如爲己謀則盡心，爲他人謀則不盡心，是利。如齊王好色好貨，不與民同，亦是利。凡處父子、君臣、夫婦、兄弟、朋友之間，纔有一毫自私之心，而不行乎天理之當然，皆是利。雖公天下事而以私心爲之，亦是利。

徇人情是凡事不顧理之當然，只徇人情而不敢決，便是利。如劉琮以荆州降曹操，則是魏之荆州矣。是時先主未有可據之地，孔明欲取之，以爲興王業之本，此正大義所當然。先主不決以大義，卻顧

〔一〕顧刻本於本段下有雙行小注：「萍鄉胡氏曰：齊王以小易大，便是利，此句不可以辭害志。」

戀劉表之私情，而不忍取，是利也。

覬效，如先難後獲，先事後得，皆是先盡其在我所當爲而不計效。仁人明道不計功，正誼不謀利。自漢以來，無人似董仲舒看得如此分明。如揠苗助長，便是望效太速。太宗卽位四年，外户不閉，斗米三錢，方是小康，便道行仁義既效，便有矜色。

外慕，如今科舉之學，全是外慕。自嬰孩便專學綴緝，爲取科名之具，至白首不休，切身義理全無一點，或有早登科第，便又專事雜文，爲干求遷轉之計，一生學問，全是脱空。古之學爲己，今之學爲人。爲己是無所慕，爲人是有所慕，此便有義利之分。義利界分最要別白分明。若不別白分明，則有義之似利，利之似義，便都含糊没分曉了，末稍歸宿只墮[一]在利中去，更無復有義矣。

鬼神 魂魄附

鬼神一節，説話甚長，當以聖經説鬼神本意作一項論，又以古人祭祀作一項論，又以後世淫祀作一項論，又以後世妖怪作一項論。

程子曰：「鬼神者，造化之迹也。」張子曰：「鬼神者，二氣之良能也。」説得皆精切。造化之迹，以陰陽流行著見於天地間者言之。良能，言二氣之[二]往來，是自然能如此。大抵鬼神只是陰陽二氣之屈伸往來。自二氣言之，神是陽之靈，鬼是陰之靈。靈云者，只是自然屈伸往來恁地活爾。自一氣言之，

[一]「墮」原作「隨」，據顧刻本改。　[二]顧刻本「之」下有「屈伸」二字。

則氣之方伸而來者屬陽，爲神；氣之已屈而往者屬陰，爲鬼。如春夏是氣之方長，屬陽，爲神；秋冬是氣之已退，屬陰，爲鬼；其實二氣只是一氣耳。

天地間無物不具陰陽，陰陽無所不在，則鬼神亦無所不有。大抵神之爲言伸也，伸是氣之方長者也；鬼之爲言歸也，歸是氣之已退者也。自天地言之，天屬陽，神也；地屬陰，鬼也。就四時言之，春夏氣之伸，屬神；秋冬氣之屈，屬鬼。又自晝夜分之，晝屬神，夜屬鬼。就日月言之，日屬神，月屬鬼。又如鼓之以雷霆，潤之以風雨，是氣之伸，屬神；及至收斂後，帖然無蹤跡，是氣之歸，屬鬼。以日言，則日方升屬神，午以後漸退，屬鬼。以月言，則初三生明屬神，到十五以後屬鬼。如草木生枝生葉時屬神，衰落時屬鬼。如潮之來屬神，潮之退屬鬼。凡氣之伸者皆爲陽，屬神；凡氣之屈者皆爲陰，屬鬼。古人論鬼神，大概如此，更在人自體究。

禮運言「人者，陰陽之交，鬼神之會」，説得亦親切。此真聖賢之遺言，非漢儒所能道也。蓋人受陰陽二氣而生，此身莫非陰陽。如氣陽血陰，脈陽體陰，頭陽足陰，上體爲陽下體爲陰。至於口之語默、目之寤寐、鼻息之呼吸、手足之屈伸，皆有陰陽分屬。不特人如此，凡萬物皆然。中庸所謂「體物而不遺」者，言陰陽二氣爲物之體，而無不在耳。天地間無一物不是陰陽，則無一物不具鬼神。

祭義宰我問鬼神一段甚長，説得極好。如曰：「氣也者，神之盛也；魄也者，鬼之盛也」云云。鄭氏注謂：「口鼻之呼吸爲魂，耳目之聰明爲魄。」又解得明切。子産謂：「人生始化曰魄，既生魄，陽曰魂。」斯言亦真得聖學之遺旨。所謂始化，是胎中略成形時。人初間纔受得氣，便結成箇胚胎模樣，是魄。

既成魄，便漸漸會動，屬陽，曰魂。及形既生矣，神發知矣，故人之知覺屬魂，形體屬魄。陽爲魂，陰爲魄。魂者，陽之靈而氣之英；魄者，陰之靈而體之精。如口鼻呼吸是氣，那靈活處便是魂；耳目視聽是體，那聰明處便是魄。

左傳曰：「心之精爽，是謂魂魄。」淮南子曰：「陽神爲魂，陰神爲魄。」魂魄二字，正猶精神二字。神即是魂，精即是魄。魂屬陽，爲神；魄屬陰，爲鬼。

就人身上細論，大概陰陽二氣會在吾身中爲鬼神。以寤寐言，則寤屬陽，寐屬陰。以語默言，則語屬陽，默屬陰。及動静、進退、行止等，分屬皆有陰陽。凡屬陽者皆爲魂，爲神；凡屬陰者皆爲魄，爲鬼。

人自孩提至於壯，是氣之伸，屬神；中年以後，漸漸衰老，是氣之屈，屬鬼。以生死論，則生者氣之伸，死者氣之屈。就死上論，則魂之升者爲神，魄之降者爲鬼。魂氣本乎天，故騰上；體魄本乎地，故降下。書言「帝乃殂落」，正是此意。殂是魂之升上，落是魄之降下者也。

易曰：「精氣爲物，游魂爲變，故知鬼神之情狀。」言陰精陽氣聚而生物，乃神之伸也，而屬乎陽。魂游魄降，散而爲變，乃鬼之歸也，而屬乎陰。鬼神情狀，大概不過如此。

以上論鬼神本意

古人祭祀，以魂氣歸於天，體魄歸於地，故或求諸陽，或求諸陰。如祭義曰：「燔燎羶薌，見以蕭光，以報氣也。」「薦黍稷，羞肝肺首心，加以鬱鬯，以報魄也。」郊特牲曰：「周人尚臭，灌用鬯臭，鬱合鬯臭，陰達於淵泉。」「既灌，然後迎牲，致陰氣也。」「蕭合黍稷，臭陽達於牆屋，故既奠，然後焫蕭合羶薌，凡祭謹諸此。」又曰：「祭黍稷加肺，祭齊加明水，報陰也。取膟膋燔燎升首，報陽也。」所以求鬼神之義，大概亦不過此。

樂記謂「明則有禮樂，幽則有鬼神」，鬼神卽是禮樂道理。以樂祀神，樂聲發揚，屬陽。以禮祀鬼，禮是定底物，屬陰。故樂記說：「樂者敦和，率神而從天；禮者别宜，居鬼而從地。」祭義論「春禘秋嘗」，以「春雨露既濡，君子履之，必有怵惕之心，如將見之」。秋「霜露既降，君子履之，必有悽愴之心，非其寒之謂也」。故樂以迎來，哀以送往。故禘有樂而嘗無樂，意亦如此。

夫子謂「吾不與祭，如不祭」。蓋緣誠意既不接，幽明便不交。范氏謂「有其誠則有其神，無其誠則無其神」，此說得最好。誠只是真實無妄，雖以理言，亦以心言。須是有此實理，然後致其誠敬，而副以實心，豈不歆享？且如季氏，不當祭泰山而冒祭，是無此實理矣。假饒極盡其誠敬之心，與神亦不相干涉，泰山之神亦不吾享。大概古人祭祀，須是有此實理相關，然後三日齋，七日戒，以聚吾之精神。吾之精神既聚，則所祭者之精神亦聚，必自有來格底道理。

人與天地萬物，皆是兩間公共一箇氣。子孫與祖宗，又是就公共一氣中有箇脈絡相關係，尤爲親切。謝上蔡曰：「祖考精神，便是自家精神。」故子孫能極盡其誠敬，則己之精神便聚，而祖宗之精神亦聚，便自來格。今人於祭自己祖宗正合著實處，卻都鹵莽了，只管胡亂外面祀他鬼神，必極其誠敬。不知他鬼神與己何相關係！假如極其誠敬，備其牲牢，若是正神，不歆非類，必無相交接之理；若是淫邪，苟簡竊食而已，亦必無降福之理。

古人宗法，子孫於祖先，亦只是嫡派方承祭祀，在旁支不敢專祭。況祖先之外，豈可又招許多淫祀之鬼入來？今人家家事神事佛，是多少淫祀！孔子謂：「非其鬼而祭之，諂也。」今人諂祀鬼神，不過只是要求福耳，不知何福之有！

神不歆非類，民不祀非族。古人繼嗣，大宗無子，則以族人之子續之，取其一氣脈相爲感通，可以嗣續無間。此亦至正大公之舉，而聖人所不諱也。後世理〔一〕義不明，人家以無嗣爲諱，不肯顯立同宗之子，多是潛養異姓之兒，陽若有繼，而陰已絶矣。蓋自春秋鄫子取莒公子爲後，故聖人書曰：「莒人滅鄫。」非莒人滅之，以異姓主祭祀，滅亡之道也。秦以呂政絶，晉以牛叡絶，亦皆一類。仲舒繁露載漢一事，有人家祭，用祝降神。祭畢，語人曰：「適所見甚怪，有一官員公裳盛服，欲進而躊躇不敢進，有一鬼蓬頭衩袒，手提屠刀，勇而前歆其祭，是何神也？」主人不曉其由。有長老説：「其家舊日無嗣，乃取異姓屠家之子爲嗣，即今主祭者，所以只感召得屠家父祖而來，其繼立本家之祖先，非其氣類，自無交接感通之理。」然在今世論之，立同宗又不可泛。蓋姓出於上世，聖人所造，正所以別生分類。自後有賜姓、匿姓者，又皆混雜。故立宗者，又不可恃同姓爲憑，須審擇近親有來歷分明者立之，則一氣所感，父祖不至失祀。今世多有取女子之子爲後，以姓雖異，而有氣類相近，似勝於姓異而屬疏者。然晉賈充以外孫韓謐爲後，當時太常博士秦秀已議其昏亂紀度。是則氣類雖近，而姓氏實異，此説亦斷不可行。

天子祭天地，諸侯祭社稷及其境内之名山大川，大夫祭五祀，士庶祭其先。古人祀典，品節一定，

〔一〕「理」顧刻本作「禮」。

不容紊亂。在諸侯，不敢僭天子而祭天地；在大夫，亦不敢僭諸侯而祭社稷山川。如季氏旅泰山便不是禮。曲禮謂：「非所當祭而祭之，名曰淫祀。淫祀無福。」淫祀不必皆是不正之鬼。假如正當鬼神，自家不應祀而祀他，便是淫祀。如諸侯祭天地，大夫祭社稷，季氏旅泰山，便是淫祀了。

古人祭祀，各隨其分之所至。天子中天地而立，爲天地人物之主，故可以祭天地。諸侯爲一國之主，故可祭一國社稷山川。如春秋時楚莊王不敢祭河，以非楚之望，緣是時理義尚明，故如此。如士人，只得祭其祖先。自祖先之外，皆不相干涉，無可祭之理。然支子不當祭祖而祭其祖，伯叔父自有後而吾祭之，皆爲非所當祭而祭，亦不免爲淫祀。

古人祭天地山川皆立尸，誠以天地山川只是陰陽二氣，用尸要得二氣來聚這尸上，不是徒然歆享，所以用灌，用燎，用牲，用幣，大要盡吾心之誠敬。吾心之誠敬既盡，則這天地山川之氣便自闢聚。天子是天地之主，天地大氣關係於一身，極盡其誠敬，則天地之氣闢聚，便有感應處。諸侯只是一國之主，只祭境内之名山大川，極盡其誠敬，則山川之氣便聚於此而有感召。皆是各隨其分限大小如此。

山林川谷丘陵，能出氣爲雲雨者皆是神。日月星辰，民所瞻仰者，亦皆曰神。其在人，則法施於人則祀之，以死勤事則祀之，以勞定國則祀之，能禦大災則祀之，能捍大患則祀之。古人非此族也，不在祀典，見祭法篇甚詳。若後世祭祀，便都没理會了。

大夫祭五祀，乃是門、户、竈、行、中霤。自漢以來，以井易行。古者穴處，上爲牖取明之處名曰中霤，只是土神。士人又不得兼五祀，間舉一兩件。在士喪禮卻有「疾病禱於五祀」之文，而無其祭。鄭康成注月令春祀户謂：「陽氣出，祀之於户內，陽也。」夏祀竈謂：「陽氣盛熱於外，祀之於竈，從熱類也。」秋祀門謂：「陰氣出，祀之於門外，陰也。」冬祀行謂：「陰盛寒於水，祀之於行，從辟除之類也。」中央祀中霤謂：「土主中央而神在室。」於此亦見漢時理學猶明，論鬼神猶主於陰陽爲言，猶未失先王之遺意也。

古人祀典，自祭法所列之外，又有〔一〕有道有德者死，則祭於瞽宗，以爲樂祖。此等皆是正祠。後世如忠臣義士蹈白刃衛患難，如張巡許遠死於睢陽，立雙廟。蘇忠勇公於邕州死節甚偉，合立廟於邕。今貢侯立祠於本州，亦宜。如漳州靈著王以死衛邦人，而漳人立廟祠〔二〕之。凡此忠臣義士之祠，皆是正當。然其祠宇，須官司爲嚴其扃鑰，開閉有時，不與民間褻瀆，乃爲合禮。在民間只得焚香致敬而已，亦不可越分而祭。

以上論祭祀祀典

大凡不當祭而祭，皆曰淫祀。淫祀無福，由脈絡不相關之故。後世祀典，只緣佛老來，都亂了。如老氏設醮，以庶人祭天，有甚關係？如釋迦亦是胡神，與中國人何相關？假如忠臣義士、配享元勳，若是己〔三〕不當祭，皆爲外神，皆與我無相干涉。自聖學不明於世，鬼神情狀都不曉，如畫星辰都畫箇人，

〔一〕「有」字據顧刻本補。〔二〕「祠」顧刻本作「祀」。〔三〕「己」原作「已」，據顧刻本改。

以星君目之，如泰山曰天齊仁聖帝，在唐封爲天齊王，到本朝以東方主生，加「仁聖」二字封帝。帝只是一上帝而已，安有五帝？豈不僭亂！況泰山只是箇山，安有人形貌？今立廟，儼然垂旒端冕，衣裳而坐。又立后殿於其後，不知又是何山可以當其配，而爲夫婦耶？人心迷惑，一至於此。據泰山在魯封內，惟魯公可以祭。今隔一江一淮，與南方地脈全不相交涉，而在在諸州縣皆有東嶽行祠。此亦朝廷禮官失講明，而爲州縣者不之禁。蚩蚩愚民，本不明理，亦何足怪。

南嶽廟向者回祿，太尉欲再造，問於五峯先生，先生答以：「天道與人事本一理，在天爲皇天上帝，在人爲大君。大君有二，則人事亂矣。五嶽視三公，與皇天上帝並爲帝，則天道亂矣。而世俗爲塑像，爲立配，爲置男女，屋而貯之，褻瀆神示之甚。」後南軒又詳之曰：「川流山峙，是其形也，而人之也，何居？其氣之流通可以相接也，而宇之也，何居？」皆可謂正大之論，甚發愚蒙，破聾瞽。

上段云古人祭天地山川皆立尸，要得氣來聚這尸上。據此說，則祭山川而人其形，疑亦古人立尸之意。惜不及質之先生。〔一〕

世俗鄙俚，以三月二十八日爲東嶽聖帝生朝，闔郡男女於前期，徹晝夜就通衢禮拜，會於嶽廟，謂之朝嶽，爲父母亡人拔罪。及至是日，必獻香燭上壽。不特此爾，凡諸廟皆有生朝之禮，當其日，則士夫民俗皆獻香燭，殷懃致酒上壽。按古經書本無生日之禮。伊川先生已説破：「人無父母，生日當倍悲痛，安忍置酒張樂以爲樂？若具慶者可也。」以李世民之忍，猶能於是日感泣，思慕其親，亦見天理之不

〔一〕按：此段疑係陳淳門人王雋語。

容泯處。故在人講此禮，以爲非禮之禮。然於人之生存而祝其壽，猶有説；鬼已死矣，而曰「生朝」「獻壽」者，何爲乎？

伊川破横渠定龍女衣冠從夫人品秩事，謂：「龍，獸也，豈可被人衣冠？且大河之塞，乃天地、祖宗、社稷之佑及吏卒之力，龍何功之有？」其言可謂甚正大，又以見張程學識淺深之不同。世俗事真武，呼爲「真聖」，只是北方玄武神。真宗尚道教，避聖祖諱，改玄爲真。北方玄武乃龜蛇之屬，後人不曉其義，畫真武作一人散髮握劍，足踏龜蛇，競傳道教中某代某人修行如此。

江淮以南，自古多淫祀。以其在蠻夷之域，不沾中華禮義。狄仁傑毁江淮淫祠一千七百區，所存者惟夏禹伍子胥二廟。伊川先生猶以爲存伍子胥廟爲未是，伍子胥可血食於吴，不可血食於楚。今去狄公未久，而淫祀極多，皆緣世教不明，民俗好怪。始者土居尊秩無識者倡之，繼而羣小以財豪鄉里者輔之，下焉則里中破蕩無生産者，假托此衷斂民財，爲衣食之計，是以上而州縣，下至閭巷村落，無不各有神祠。朝廷禮官又無識庸夫，多與之計較封號，是以無來歷者皆可得封號，有封號者皆可歲歲加大。若欲考論邪正，則都無理會了。

後世看理不明，見諸神廟有靈感響應者，則以爲英靈神聖之祠，在生必聰明正直之人也。殊不知此類其間煞有曲折：一樣是富貴權勢等人，如伯有爲厲，子産所謂「用物精多〔一〕則魂魄强」之類；一樣是壯年蹈白刃而死，英魂不散底人；一樣是生稟氣厚精爽强底人，死後未便消散；一樣是人塑神像時，

〔一〕「用物精多」顧刻本作「用物弘，取精多」。按左傳昭公七年原文無「弘」「取」二字。

捉箇生禽之猛鷙者，如猴鳥之屬，生藏於腹中。此物被生劫而死，魂魄不散，衆人朝夕焚香禱祝，便會有靈。其靈乃此物之靈，非關那鬼神事。一樣是人心以爲靈，衆人精神都聚在那上，便自會靈，如白鮝大王之類；一樣是立以爲祠，便有依草附木底沈魂滯魄來，竊附於其上；一樣又是山川之靈，廟宇坐據山川雄猛處，氣作之靈。又有本廟正殿不甚靈，而偏旁舍[一]有靈者，是偏旁[二]坐得山川正脈處故也。又有都不關這事，只是隨本人心自靈，人心自極其誠敬則精神聚，所占之事自有脈絡相關，便自然感應，吉凶毫髮不差，只緣都是一理一氣故耳。所謂「齋戒以神明其德夫」，即此意。

湖南風俗，淫祀尤熾，多用人祭鬼，或村民裒錢買人以祭，或捉行路人以祭。聞說有一寒士被捉，縛諸廟柱，半夜有大蛇張口欲食之，其人識一呪，只管念呪，蛇不敢食，漸漸退縮而去。明早士人得脱，訴諸官人，以爲呪之靈所致，是不然。凡虎獸等食人者，多是挑之使神色變動方食，神色不動則不敢食。若此人者，心自以爲必死，無可逃，更不復有懼死之念矣。只一味靠呪，口只管念呪，心全在呪上，更無復有變動之色，故蛇無由食之，亦猶虎不食澗邊嬰兒之類，非關呪靈之謂也。

聞說南軒曾差一司户破一大王廟，纔得牒即兩脚俱軟，其人卧乘輿而往。到廟中取大王像，剖其腹，有盤數重，中有小盒，盛一大白蟲，活走，急投諸油煎之。纔破盒見蟲，脚便立愈。推此，其他可以類見。

以上論淫祀

[一]「舍」下原有「人」字，據顧刻本删。　[二]顧刻本「旁」字下有「舍」字。

天地間亦有沈魂滯魄不得正命而死者，未能消散，有時或能作怪，但久後當自消。亦有抱冤未及雪者，屢作怪，纔覺發便帖然。如後漢王純〔一〕驛中女鬼，及朱文公斷龍巖妻殺夫事。

大抵「妖由人興」。凡諸般鬼神之旺，都是由人心興之。人以爲靈則靈，不以爲靈則不靈。人以爲怪則怪，不以爲怪則不怪。伊川尊人官廨多妖，或報曰：「鬼擊鼓。」其母曰：「把搥與之。」或報曰：「鬼搖扇。」其母曰：「他熱故耳。」後遂無妖。只是主者不爲之動，便自無了。細觀左氏所謂「妖由人興」一語，極說得出。明道石佛放光之事亦然。

昔有僧入房將睡，暗中誤踏破一生茄，心疑爲蟾蜍之屬，卧中甚悔其枉害性命。到中宵，忽有扣門覓命者，僧約明日爲薦拔。及天明見之，乃茄也。此只是自家心疑，便感召得游魂滯魄附會而來。又如遺書載：一官員於金山寺薦拔亡妻之溺水者，忽婢妾作亡魂胡語，言死之甚冤。數日後有漁者救得妻，送還之。此類甚多，皆是「妖由人興」。人無釁焉，妖不自作。

賴省幹占法有鬼附耳語。人來占者，問姓幾畫，名幾畫，其人對面默數，渠便道得。或預記定其畫，臨時更不點數，只問及便答，渠便道不得。則「思慮未起，鬼神莫知」，康節之言，亦見破此精微處。

張元郡君死後，常來與語，說渠心下事。一道士與圍棊而妻來，道士捉一把棊子，包以紙，令持去問，張不知數便道不得。曰：「我後不來矣。」此未必真是其妻，乃沈魂滯魄隨張心感召而來，被道士窺破此機，更使不得。世之扶鶴下仙者亦如此。識字人扶得，不識字人扶不得。能文人扶，則詩語清新；

〔一〕後漢書作「王忳」。

不能文人扶，則詩語拙嫩。問事而[一]扶鶴人知事意，則寫得出；不知事意則寫不出。與吟詠作文章，則無不通；問未來事則全不應。亦可自見。此非因本人之知而有假託，蓋鬼神幽陰，乃藉人之精神發揮，隨人知識所至耳。便見妖非由人不可。

昔武三思置一妾，絶色，士夫皆訪觀。狄梁公亦往焉，妾逃遁不見，武三思搜之，在壁隙中語曰：「我乃花月之妖，天遣我奉君談笑。梁公，時之正人，我不可以見。」蓋端人正士有精爽清明，鬼神魑魅自不敢近，所謂「德重鬼神欽」。鬼神之所以能動人者，皆由人之精神自不足故耳。

以上論妖怪

「敬鬼神而遠之」，此一語極説得圓而盡。如正神，能知敬矣，又易失之不能遠；邪神，能知遠矣，又易失之不能敬。須是都要敬而遠，遠而敬，始兩盡幽明之義。文公論語解説：「專用力於人道之所宜，而不惑於鬼神之不可知。」此語示人極爲親切。「未能事人，焉能事鬼？」須是盡事人之道，則盡事鬼之道斷無二致。所以發子路者深矣！

佛老

佛老之學，後世爲盛，在今世爲尤盛。二氏之説大略相似，佛氏説得又較玄妙。老氏以無爲主，佛氏

[一]「而」原作「人」，據顧刻本改。

以空爲主，無與空亦一般。老氏説無，要從無而生有，他只是要清淨爲方外之物，以獨善其身，厭世俗膠膠擾擾等事，欲在山林間煉形養氣，將真氣養成一箇嬰兒，脱出肉身去，如蛇蜕之法。又欲乘雲駕鶴，飛騰乎九天之上，然亦只是煉箇氣輕，故能乘雲耳。老氏之説猶〔一〕未甚惑人。佛氏之説，雖深山窮谷之中，婦人女子皆爲之惑，有淪肌洽髓牢不可解者。原其爲害有兩般：一般是説死生罪福，以欺罔愚民；一般是高談性命道德，以眩惑士類。死生罪福之説，只是化得世上一種不讀書、不明理、無見識等人。性命道德之説又較玄妙，雖高明之士皆爲所誤。須是自家理明義精，胸中十分有定見，方不爲之動。

常人所惑死生罪福之説，一則是恐死去陰司受諸苦楚，一則是祈求爲來生之地。故便能捨割，做功德，做因果，或庶幾其陰府得力，免被許多刑憲，或覬望其來生作箇好人出世，子子孫孫長享富貴，免爲貧賤禽獸之徒。佛家倡此説以罔人，故愚夫愚婦皆爲之惑。

且如輪迴一説，斷無此理。伊川先生謂「不可以既返〔二〕之氣復爲方伸之氣」，此論甚當。蓋天地大氣流行，化生萬物，前者過，後者續，前者消，後者長，只管運行，無有窮已，斷然不是此氣復迴來爲後來〔三〕之本。一陽之復，非是既退之陽倒轉復來。聖人立卦取象，雖謂陽復返，其實只是外氣剥盡，内氣復生。佛氏謂已往之氣復輪迴來生人生物，與造化之理不相合。若果有輪迴之説，則是天地間人物皆有定數，常只是許多氣翻來覆去，如此則大造都無功了。須是曉得天地生生之理，方看得他破。

人生天地間，得天地之氣以爲體，得天地之理以爲性。原其始而知所以生，則要其終而知所以死。

〔一〕「猶」原作「尤」，據顧刻本改。　〔二〕「返」顧刻本作「屈」。　〔三〕「來」顧刻本作「氣」。

古人謂「得正而斃」，謂「朝聞道，夕死可矣」。只緣受得許多道理，須知盡得，便自無愧。到死時亦只是這二五之氣，聽其自消化而已。所謂安死順生，與天地同其變化，這箇便是「與造化爲徒」。人纔有私慾，有私愛，割捨不斷，便與大化相違。

因果之說，全是妄誕。所載證驗極多，大抵邪説流入人心，故人生出此等狂思妄想而已。温公謂「三代以前，何嘗有人夢到陰府見十等王者耶？」此説極好。只緣佛教盛行，邪説入人已深，故有此夢想。

天地間物，惟風雷有象而無形。若是實物，皆有形骸。且如人間屋宇，用木植甎瓦等架造成箇規模。木植取之山林，甎瓦取之窯竈，皆是實物，人所實見。如佛氏天堂地獄，是何處取木植？何處取甎瓦？況天只是積氣，到上至高處，其轉至急，如迅風然，不知所謂天堂者該載在何處？地乃懸空在天之中央，下面都是水，至極深處，不知所謂地獄者又安頓在何處？況其所説爲福可以冥財禱而得，爲罪可以冥財賂而免。神物清正，何其貪婪如此！原其初意，亦只是杜撰，以誘人之爲善，而恐懼人之爲惡耳。野夫賤隸以死生切其身，故傾心信向之。然此等皆是下愚不學之人，亦無足怪。如唐太宗是甚天資，亦不能無惑，可怪可怪！

士大夫平日讀書，只是要略知古今事變，把來做文章使，其實聖賢學問精察做工夫處全不理會。緣是無這一段工夫，胸中無定見識，但見他説心説性，便爲之竦動，便招服。如韓文公白樂天資禀甚高，但平日亦只是文字詩酒中做工夫，所以看他亦不破。文公闢其無父無君，雖是根本，然猶未知所以受病之本。

佛氏所謂玄妙者，只是告子所謂「生之謂性」之説。告子「生」之一字，乃是指人之知覺運動處。大意謂：目能視，其所以能視處是誰？耳能聽，其所以能聽處是誰？即這一箇靈活知覺底，常在目前作用，便謂之性。悟此則爲悟道。一面做廣大玄妙説將去，其實本領只如此。此最是至精至微，第一節差錯處。至於無父無君，乃其後截人事之粗迹，悖謬至顯處。他全是認氣做性了。如謂狗子有佛性，只是呼狗便知摇尾向前，這箇便是性。人與物都一般。所謂萬劫不滅，亦只是這箇。老氏謂「死而不亡」，亦只是如此。所説千百億化身，千手千眼，皆是在這窠窟裏。

自古聖賢相傳説性，只是箇理。能視能聽者，氣也；視其所當視，聽其所當聽者，理也。且如手之執捉，氣也，然把書讀也是手，呼盧也是手，豈可全無分别？須是分别箇是非，是底便是本然之性，非底便是徇於形氣之私。佛氏之説，與吾儒若同而實大異。吾儒就形氣上别出箇理，理極精微，極難體察。他指氣做性，只見這箇便是性，所以便不用工夫了。〔一〕

〔一〕顧刻本此段下有雙行小注：「萍鄉胡氏曰：其用工夫只是恣肆無忌憚而已。」

北溪字義補遺

字義二卷，最初爲永嘉趙氏刻本，又清漳家藏本，又弘治庚戌刻本，又四明豊慶刻本。諸本增減，互有異同。按性理大全所纂入者未能悉收，則桐川施氏刻本爲略備。及細爲校閲，亦有大全所引而施本所無者，或非專論一字之義，當從他處録出，或有專講一字者，亦在所遺。則知屢經刊板，自不能無脱略，今悉采録增入。後學顧秀虎謹識。

太極

分而爲五非有欠，合而爲一非有餘。五謂五行，一謂太極。

太極渾淪之妙用，自無而入於有，自有而復於無，又只是渾淪一無極也。

無聲臭只是無形狀。若少有聲臭，便涉形狀，落方體，不得謂之無極矣。文公解用「無聲臭」語，是説二字之大義，詞不迫切而其理自曉。此注朱子解「無極」，引「上天之載，無聲無臭」之義。

以造化言之，如天地間生成萬物，自古及今，無一物之不實。散殊上下，自古有是，到今亦有是，非古有而今無，皆是實理之所爲。大而觀之，自太始而至萬古，莫不皆然。若就物觀之，其徹始徹終，亦只是一實理如此。姑以一株花論來，春氣流注到則萌蘖生花，春氣盡則花亦盡。又單就一花蘂論，氣實行到此則花便開，氣消則花便謝亦盡了。方其花萌蘖，此實理之初也；至到謝而盡處，此實理之終也。此注朱子「推之於前而不見其始之合，引之於後而不見其終之離」二句之義。

理不外乎氣。若説截然在陰陽五行之先，及在陰陽五行之中，便成理與氣爲二物矣。此亦是太極圖説注，然是專講理字。

本只是一氣，分來有陰陽，又分來有五行。二與五只管分合運行去，萬古生生不息，不止是箇氣，必有主宰之者，曰理是也。理在其中爲之樞紐，故大化流行，生生未嘗止息。天下豈有性外之物，而不統於吾心是理之中也哉？理之所在，大〔一〕極於無際而無不通，細入於無倫而無不貫，前後乎萬古而無不徹。

太極只是理，理本圓，故太極之理本渾淪。理無形狀，無界限間隔，故萬物無不各具得太極，而太極之本體各各無不渾淪。惟人氣正且通，爲萬物之靈，能通得渾淪之體。物氣偏且塞，不如人之靈，雖有渾淪之體，不能通耳。然人類中亦惟聖人大賢，然後真能通得渾淪之體。一種下愚底人，其昏頑卻與物無異，則又正中之偏、通中之塞者。一種靈禽仁獸，其性與人甚相近，則又偏中之正、塞中之通者。細推之，有不能以言盡。

問：感物而動，或發於理義之公，或發於血氣之私，這裏便分善惡？曰：非發於血氣之私便爲惡，乃發後流而爲惡耳。

〔一〕「大」原作「太」，據文義改。「大」與下句「細」爲對文。

圖說「中正仁義」，而注脚又言「仁義中正」，互而言之，以見此理之循環無端，不可執定以孰爲先，孰爲後也。亦猶四時之春夏秋冬，或言秋冬春夏，以此見氣之動靜無端，陰陽無始也。太極圖說注。

通書

聖人純是天理，合下無欠缺處，渾然無變動，徹內外本末皆是實，無一毫之妄。不待思而自得，此生知也。不待勉而自中，此安行也。且如人行路，須是照管方行出路中，不然則蹉向邊去。聖人如不看路，自然在路中間行，所謂「從容無不中道」，此天道也。通書「誠則無事矣」句注。

凡物一色，謂之純也。此注通書「純其心」句。

一者是表裏俱一，純徹無二。少有纖毫私欲，便二矣。內一則靜虛，外一則動直，而明通公溥則又無時不一也。一者，此心渾然太極之體。無欲者，心體粹然無極之真。靜虛者，體之未發，豁然絕無一物之累，陰之性也。動直者，用之流行，坦然由中道而出，陽之情也。通書聖學章注。

明道此一段說話，乃地位高者之事，學者取此甚遠。在學者工夫，只從「克己復禮」入爲最要。此工夫徹上徹下，無所不宜。問：物字是人物是事物？曰：「仁者與物同體。」只是言其理之一爾。人物與事物非判然絕異，事物只自人物而出，凡己與人物接，方有許多事物出來。若於己獨立時，初無甚多事，此物字皆可以包言。所謂「訂頑備言此體」者，亦只是言其理之一爾。此注程子論西銘語。

附　論朱子

先生道巍而德尊，義精而仁熟，立言平正温潤，清通的實。徹人心，洞天理，達羣哲，會百聖，粹乎洙泗伊洛之緒。凡曩時有發端而未竟者，今悉該且備。凡曩時有疑辨而未瑩者，今益信且白。宏綱大義，如指諸掌，掃千百年之謬誤，爲後學一定不易之準則。辭約而理盡，旨明而味深，而其心度澄朗，瑩無渣滓，工夫縝密，渾無隙漏，尤可想見於辭氣間。故孔、孟、周、程之道，至先生而益明，所謂主盟斯世，獨惟〔一〕先生一人而已。

〔一〕「惟」惜陰軒本作「推」。

嚴陵講義

淳恭承判府寺丞鄭公之悌，偕諸廣文先生，領郡〔一〕之羣賢衆俊會於學校，謂淳從游晦庵先生之門，俾講明大義，以開發後進。區區淺陋，辭不獲命，輒吐爲説四篇：一曰道學體統，二曰師友淵源，三曰用功節目，四曰讀書次第〔二〕，以爲賢侯作成人材之助。顧諸同志共切磋之。

道學體統

聖賢所謂道學者，初非有至幽難窮之理，甚高難行之事也，亦不外乎人生日用之常耳。蓋道原於天命之奥，而實行乎日用之間。在心而言，則其體有仁義禮智之性，其用有惻隱、羞惡、辭讓、是非之情。在身而言，則其所具有耳目口鼻四肢之用，其所與有君臣、父子、夫婦、兄弟、朋友之倫。在人事而言，則處而修身齊家，應事接物，出而莅官〔三〕理國，牧民御衆；微而起居言動，衣服飲食，大而禮樂刑政，財賦軍師，凡千條萬緒，莫不各有當然一定不易之則，皆天理自然流行著見，而非人之所强爲者。自一本而萬殊，而體用一原也。合萬殊而一統〔四〕，而顯微無間也。上帝所降之衷，即降乎此也。生民

〔一〕「郡」原作「邦」，據顧刻本改。〔二〕「第」原作「序」，據顧刻本改。〔三〕「官」顧刻本作「政」。〔四〕「統」顧刻本作「本」。

所秉之彝，即秉乎此也。以人之所同得乎此而虚靈不昧，則謂之明德。以人之所共由乎此而無所不通，則謂之達道。堯舜與塗人同一稟也，孔子與十室均一賦也。聖人之所以爲聖，生知安行乎此也。學者之所以爲學，講求踐履乎此也。謂其君不能，賊其君者也；謂其民不能，賊其民者也；自謂其身不能，自賊者也。操之則存，舍之則亡，迪之則吉，悖之則凶。蓋皎然易知而坦然易行也。是豈有離乎日用常行之外，别自爲一物，至幽而難窮，甚高而難行也哉？如或外此而他求，則皆非大中至正之道，聖賢所不道也。

師友淵源

粤〔一〕自羲皇作易，首闢渾淪，神農、黄帝相與繼天立極，而宗統之傳有自來矣。堯、舜、禹、湯、文、武更相授受，中天地爲三綱五常之主。皐陶、伊、傅、周、召又相與輔相，施諸天下，爲文明之治。孔子不得行道之位，乃集羣聖之法，作六經，爲萬世師，而回、參、伋、軻實傳之，上下數千年，無二説也。軻之後失其傳，天下騖於俗學，蓋千四百餘年，昏昏冥冥，醉生夢死，不自覺也。及我宋之興，明聖相承，太平日久，天地真元之氣復會，於是濂溪先生與河南二程先生，卓然以先知先覺之資，相繼而出。濂溪不由師傳，獨得於天，提綱啓鑰，其妙具在太極一圖。而通書四十章，又以發圖之所未盡，上與羲皇之易

〔一〕「粤」原作「奥」，據顧刻本改。

相表裏，而下以振孔孟不傳之墜緒，所謂再闢渾淪。二程親受其旨，又從而光大之。故天理之微，人倫之著，事物之衆，鬼神之幽，與凡造道入德之方，修己治人之術，莫不秩然有條理，備見於易傳、遺書，使斯世之英才志士，得以探討服行，而不失其所歸。河洛之間，斯文洋洋，與洙泗並聞而知者。有朱文公，又即其微言遺旨，益精明而瑩白之，上以達羣聖之心，下以統百家而會於一。蓋所謂集諸儒之大成，而嗣周程之嫡統，萃〔一〕乎洙泗濂洛之淵源者也。學者不欲學聖人則已，如欲學聖人而考論師友淵源，必以是爲迷塗之指南，庶乎有所取正而不差。苟或舍是而他求，則茫無定準，終不得其門而入矣。既不由是門而入，而曰吾能真有得乎聖人心傳之正，萬無是理也。

用功節目

道之浩浩，何處下手？聖門用功節目，其大要亦不過曰致知與力行而已。致者，推之而至其極之謂。致其知者，所以明萬理於心，而使之無所疑也。力者，勉焉而不敢怠之謂。力其行者，所以復萬善於己，而使之無不備也。知不致，則真是真非無以辨，其行將何所適從？必有錯認人欲作天理而不自覺者矣。行不力，則雖精義入神，亦徒爲空言，而盛德至善竟何有於我哉？此大學「明明德」之功，必以「格物致知」爲先，而「誠意、正心、修身」繼其後。中庸擇善固執之目，必自夫博學、審問、謹思〔二〕、明辨

〔一〕「萃」原作「粹」，據顧刻本改。

〔二〕按：「謹思」中庸原文作「慎思」，此避宋孝宗趙眘（古慎字）諱改。

而篤行之。而顏子稱夫子循循善誘，亦惟在於「博我以文，約我以禮」而已，無他説也。然二者亦非截然判先後爲二事，猶之行者目視足履，動輒相應，蓋亦交進而互相發也。故知之明則行愈達，而行之力則所知又益精矣。其所以爲致知力行之地者，必以敬爲主。敬者，主一無適之謂，所以提撕警省此心，使之惺惺，乃心之生道而聖學之所以貫動静徹終始之功也。能敬，則中有涵養而大本清明。由是而致知，則心與理相涵，而無顛冥之患。由是而力行，則身與事相安，而亦不復有扞格之病矣。雖然人性均善，均可與適道，而鮮有能從事於斯者，由其有二病：一則病於安常習故，而不能奮然立志，以求自拔。二則病於偏執私主，而不能豁然虚心以求實見。蓋必如孟子以舜爲法於天下而我猶未免爲鄉人者爲憂，必期如舜而後已，然後爲能立志。必如顏子以能問於不能，以多問於寡，有若無，實若虚，然後爲能虚其心。既能立志而不肯自棄，又能虚心而不敢自是，然後聖門用功節目循序而進，日日有惟新之益，雖升堂入室，惟吾之所欲而無所阻矣。此又學者所當深自警也。

讀書次第

書所以載道，固不可以不讀，而聖賢所以垂訓者不一，又自有先後緩急之序，而不容以躐進。程子曰：「大學，孔氏之遺書，而初學入德之門也。於今可見古人爲學次第者，獨賴此篇之存，而論孟次之。學者必由是而學焉，則庶乎其不差矣。」蓋大學者，古之大人所以爲學之法也。其大要惟曰「明明德」，曰「新民」，曰「止於至善」三者而已。於三者之中，又分而爲格物、致知、誠意、正心、修身以至於齊家、治國、平天下者，凡八條。大抵規模廣大而本末不遺，節目詳明而始終不紊，實羣經之綱領，而學者所當最先講明者也。其次，則論語二十篇，皆聖師言行之要所萃，於是而學焉，則有以識操存涵養之實。又其次，則孟子七篇，皆諄諄乎王道仁義之談，於是而學焉，則有以爲體驗充廣之端。至於中庸一書，則聖門傳授心法，程子以爲其味無窮，善讀者味此而有得焉，則終身用之有不能盡者矣。然其爲言，大概上達之意多，而下學之意少，非初學者所可驟語。又必大學、論、孟之既通，然後可以及乎此，而始有以的知其皆爲實學，無所疑也。蓋不先諸大學，則無以提挈綱領，而盡論孟之精微；不參諸論孟，則無以發揮蘊奥，而極中庸之歸趣；若不會其極於中庸，則又何以建立天下之大本，而經綸天下之大經哉？是則欲求道者，誠不可不急於讀四書。而讀四書之法，毋過求，毋巧鑿，毋旁搜，毋曲引，亦惟平心以玩其旨歸，而切己以察其實用而已爾。果能於是四者融會貫通，而理義昭明，胸襟洒落，則在我有權衡尺度。由是而進諸經，與凡讀天下之書，論天下之事，皆莫不冰融凍釋，而輕重長短截然一定，自不復有錙銖分寸之或紊矣。嗚呼！至是而後可與言内聖外王之道，而致開物成務之功用也歟！

似道之辨

或曰：今世所謂老佛之道，與聖賢之道何如？曰：似道而非道也。蓋老氏之道以無爲宗，其要歸於清淨，令學者修真煉氣以復嬰兒，誠爲反人理之常。世固有脱事物遊方外以事其學者，然其説未甚熾，固不待論。若佛氏之教，則充盈乎中華，人人骨髓，自王公大人至野夫賤隸、深閨婦女，無不傾心信向之。而其所以爲説者大概有二：一則下談死生罪福之説，以誑愚衆，然非明識者莫能決；一則上談性命道德之説，以惑高明，亦非常情所易辨也。夫死生無二理，能原其始而知所以生，則反其終而知所以死矣。蓋無極之真，二五之精，妙合而凝，乾道成男，坤道成女，二氣交感，化生萬物，此天地所以生人物之始也。人得是至精之氣而生，氣盡則死，得是至真之理所賦，其存也順吾事，則其没也安死而無愧。始終生死，如此而已。自未生之前是理氣，爲天地間公共之物，非我所得與。既凝而生之後，始爲我所主，而有萬化之妙。及氣盡而死，則理亦隨之一付之大化，又非我所能專有，而常存不滅於冥漠之間也。今佛者曰：「未生之前，所謂我者固已具；既死之後，所謂我者未嘗亡。所以輪回生生於千萬億刼而無有窮已。」則是形潰而反於原，既屈之氣有復爲方伸之理，與造化消息闢闔之情殊不相合。且謂天堂地獄明證昭昭，則是天地間别有一種不虛不實之田地，可以載其境，别有一種不虛不實之塼瓦材木，可以結其居，與萬物有無虛實之性又不相符。況其爲福可以禱而得，爲罪可以賂而免，則是所以主宰乎幽陰者，尤爲私意之甚，抑非福善禍淫大公至正神明之道也。觀乎此，則死生罪福之説，真是真非瞭然，愚者可以不必惑，而明智者亦可以自決矣。夫未有天地之先，只自然之理而已。有是理則有是氣，有動之理則動而生陽，有静之理則静而生陰。陰陽動静，流行化育，其自然之理從而賦予於物者爲命。人得是所賦之理以生，而具於心者爲性。理不外乎氣，理與氣合而爲心之靈。凡有血氣均也，而人通物塞，通則理與氣融，塞則理爲氣隔。今就人者言之，心之虚靈知覺一而已。其所以爲虚靈知覺，由形氣而發者，以形氣爲主，而謂之人心；由理義而發者，以理義爲主，而謂之道心。若目能視，耳能聽，口能言，四肢能動，饑思食，渴思飲，冬思裘，夏思葛等類，其所發皆本於形氣之私，而人心之謂也。非禮勿視，而視必思明，非禮勿聽，而聽必思聰，非禮勿言，而言必思忠，非禮勿動，而動必思義，食必以禮而無流歠，飲必有節而不及亂，寒不敢襲，暑毋褻裳等類，其所發皆原於理義之正，而道心之謂也。二者固有脈絡，粲然於方寸之間而不相亂。然人心易觤陒而不安，道心至隱微而難見，以堯舜禹相傳，猶致其精於二者之間，而一守夫道心之本。自告子以生言性，則已指氣爲理，而不復有別矣。今佛者以作用是性，以蠢動含靈皆有佛性，運水搬柴無非妙用，專指人心之虚靈知覺者而作弄之。明此爲明心，而不復知其爲形氣之心；見此爲見性，而不復知性之爲理；悟此爲悟道，而不復別出道心之妙。乃至甘苦食淡，停思絶想，嚴防痛抑，堅持力制，或有用功至於心如秋月碧潭清潔者，遂交贊以爲造到。業儒者見之，自顧有穢淨之殊，反爲之歆慕，舍己學以從之，而不思聖門傳授心法，固自有克己爲仁瑩淨之境，與所謂江漢之濯、秋陽之曝及如光風霽月者，皆其胸中輝光潔白之時，乃此心純是天理之公，而絶無一毫人欲之私之謂。若彼之所謂月潭清潔云者，特不過萬理俱空而百念不生爾，是固相似而實不同也。心之體所具者惟萬理，彼以理爲障礙而悉欲空之，則所存者特形氣之知覺爾。此最是至精至微第一節差錯處。至於無君臣父子等大倫，乃其後截人事粗迹之悖繆至顯處。其爲理之發端，實自大原中已絶之。心本是活物，如何使之絶念不生？所謂念者，惟有正不正耳。必欲絶之不生，須死而後能。假如至此之境，果無邪心，但其不合正理，是乃所以爲邪而非豁然大公之體也。程子以爲：「佛家有箇覺之理，可以敬以直内矣，而無義以方外，然所直内者亦非是。」正謂此也。觀乎此，則性命道德之説，真是真非瞭然，高明者可以不必惑，而常情亦可以能辨矣。而近世儒者，乃有竊其形氣之靈者以爲道心，屏去「道問學」一節工夫，屹然自立一家，專使人終日默坐以求之，稍有意見則證印以爲大悟，謂真有得乎羣聖千古不傳之秘，意氣洋洋，不復自覺其爲非。故凡聖門高明廣大底境界更不復覩，而精微嚴密等工夫更不復從事，良亦可哀也哉！嗚呼，有志于學者，其戒之謹之。

似學之辨

或曰：今世所謂科舉之學，與聖賢之學何如？曰：似學而非學也。同是經也，同是子史也，而爲科舉者讀之，徒獵涉皮膚以爲綴緝時文之用，而未嘗及其中之蘊。止求影像髣髴，略略通解，可以達吾之詞則已，而未嘗求爲真是真非之識。窮日夜旁搜博覽，吟哦記憶，惟鋪排騈儷，無根之是習，而未嘗有一言及理義之實。自垂髫至白首，一惟虛名之是計，而未嘗有一念關身心之切。蓋其徒知舉子蹊逕之爲美，而不知聖門堂宇高明廣大之爲可樂；徒知取青紫伎倆之爲美，而不知潛心大業趣味無窮之爲可嗜。凡天命民彝，大經大法，人生日用所當然而不容闕者，悉置之度外，不少接心目，一或叩及之則解頤，而莫喻於脩己、治人、齊家、理國之道，未嘗試一講明其梗概。及一旦躐高科，躡要津，當人天下國家之責，而其中枵然，無片字之可施，不過直行己意之私而已。若是者，雖萬卷填胸，錦心繡口，號曰富學，何足以爲學？峩冠博帶，文雅醞藉，號曰名儒，何足以爲儒？假若胸膳歐蘇，才氣韓柳，謂之未曾讀書亦可也。然則科舉之學視聖賢之學，正猶枘鑿之相反而不足以相通歟？曰：科舉程度固有害乎聖賢之旨，而聖賢學問未嘗有妨於科舉之文。理義明，則文字議論益有精神光采。躬行心得者有素，則形之商訂時事，敷陳治體，莫非溢中肆外之餘，自有以當人情、中物理，藹然仁義道德之言，一一皆可用之實，而有司明眼者得之，卽爲國家有用之器，非止一名一第而已也。況其器局高宏，功力至到，造道成德之大全者，所謂伊傅周召，王佐規模具焉。儻遇明王聖帝，雲龍風虎之會，則直探諸囊而措之，與斯人同躋至道之域，又斯世之所不能舍也。但時王立科目之法，專指三日之文爲名，而素行不與。在學者讀書而言，則以聖師孔子爲祖者也。吾夫子平日之所以教羣弟子之所以學，淵源節目，昭昭方册，固有定法，正學者所當終身鑽仰，斃而後已，非可隨人遷變者。矧自聖朝列祖以至今日，已有尊崇之道，而荆、蜀、江、浙、閩、廣及中都之士，復多以此爲習尚，則亦此理在萬世不容泯没，其輕重緩急固有辨也。或曰：生斯世也，非能絶意於斯世而舍彼就此也。曰：時王之法何可舍也？假使孔孟復生於今，亦不能舍科目而遠去，則亦但不過以吾之學應之而已，焉能爲吾之累也？然則抱天地之性，負萬物之靈，而貴爲斯人者，盍亦審其輕重緩急，而無甘於自暴自棄也哉！

附録一

宋史陳淳傳

陳淳，字安卿，漳州龍溪人。少習舉子業，林宗臣見而奇之，且曰：「此非聖賢事業也。」因授以近思録。淳退而讀之，遂盡棄其業焉。及朱熹來守其鄉，淳請受教。熹曰：「凡閲義理，必窮其原，如爲人父何故止於慈，爲人子何故止於孝。其他可類推也。」淳聞而爲學益力，日求其所未至。熹數語人以「南來，吾道喜得陳淳」。門人有疑問不合者，則稱淳善問。後十年，淳復往見熹，陳其所得，時熹已寢疾，語之曰：「如公所學，已見本原，所闕者下學之功爾。」自是所聞皆要切語，凡三月而熹卒。淳追思師訓，痛自裁抑，無書不讀，無物不格，日積月累，義理貫通，洞見條緒。故其言太極曰：「太極只是理，理本圓，故太極之體渾淪。以理言，則自末而本，自本而末，一聚一散，而太極無所不極其至；自萬古之前與萬古之後，無端無始，此渾淪太極之全體也。自其冲漠無朕，而天地萬物皆由是出，及天地萬物既由是出，又復冲漠無朕，此渾淪無極之妙用也。聖人一心，渾淪太極之全體；而酬酢萬變，無非太極流行之用。學問工夫，須從萬事萬物中貫過，湊成一渾淪大本，又於渾淪大本中散爲萬事萬物，使無少窒礙，然後實體得渾淪至極者在我，而大用不差矣。」其言仁曰：「仁只是天理生生之全體，無表裏、動靜、隱顯、精粗之間，惟此心純是天理之公，而絶無一毫人欲之私，乃可以當其名。若一處有病痛，一事有欠闕，一念有間斷，則私意行而生理息，卽頑痺不仁矣。」其語學者曰：「道理初無玄妙，只在日用人事間，但循序用功，便自有見。所謂『下學上達』者，須下學工夫到，乃可從事上達，然不可以此而安於小成也。夫盈天地間，千條萬緒，是多少人事；聖人大成之地，千節萬目，是多少工夫。惟當開拓心胸，大作基址，須萬理明徹於胸中，將此心放在天地間一例看，然後可以語孔、孟之樂。須明三代法度通之於當今而無不宜，然後爲全儒，而可以語王佐事業。須運用酬酢如探諸囊中而不匱，然後爲資之深，取之左右逢其原，而真爲己物矣。至於以天理人欲分數而驗賓主進退之幾，如好好色、惡惡臭，而爲天理人欲强弱之證，必使之於是是非非如辨黑白，如遇鏌鋣，不容有騎牆不決之疑，則雖艱難險阻之中，無不從容自適，夫然後爲知之至而行之盡。」此語又中學者膏肓，而示以標的也。淳性孝，母疾亟，號泣于天，乞以身代。弟妹未有室家者，皆婚嫁之。葬宗族之喪無歸者。居鄉不沽名徇俗，恬然退守，若無聞焉，然名播天下。世雖不用，而憂時論事，感慨動人。郡守以下皆禮重之，時造其廬而請焉。嘉定九年，待試中都，歸遇嚴陵郡守鄭之悌，率僚屬延講郡庠。淳歎陸學〔一〕張王，學問無源，全用禪家宗旨，認形氣之虛靈知覺爲天理之妙，不由窮理格物，而欲徑造上達之境，反託聖門以自標榜，遂發明吾道之體統、

〔一〕「學」字原無，據陳淳弟子陳沂所撰敘述（見北溪全集外集）補。按此句「張王」一詞爲唐宋人習用語，「王」讀若「旺」（北溪全集敘述「王」字下注：去聲），「張王」有張大、旺盛之義。宋陳宓撰陳淳墓誌（見同上）亦云：「朱子没，其説（指陸九淵學説）益張，其徒益繁，故先生（指陳淳）極力排之」云云，「其説益張，其徒益繁」卽「陸學張王」之意。

師友之淵源、用功之節目、讀書之次序爲四章，以示學者。明年，以特奏恩授迪功郎、泉州安溪主簿，未上而没，年六十五。其所著有語孟大學中庸口義、字義詳講、禮詩、女學等書。門人録其語，號筠谷瀨口金山所聞。

附録二

宋陳宓序

道德性命之蘊，陰陽鬼神之秘，固非初學所當驟窺。苟不先析其名義，發其旨趣，使之有所鄉望，則終日汩没於文字，有白首不知其原者矣。諸老先生雖慮學者居下而窺高，然其所以極本窮原，發揮蘊奥以示人者，亦未嘗有隱也。然皆隨叩而應，或得其一二，而無以會其大全，學者病焉。臨漳北溪陳君淳，從文公先生二十餘年，得於親炙，退加研泳，合周、程、張、朱之論而爲此書，凡二十有五門，決擇精確，貫串浹洽，吾黨下學工夫已到，得此書而玩味焉，則上達由斯而進矣。學者往往未見。涅陵諸葛珏來莆，一目是書，恨見之晚。歸，謀之永嘉趙崇端，鍥板以惠同志，俾莆田陳宓爲之序云。

宋李昴英跋

大學中庸之微旨，朱夫子發揮備矣。北溪翁從之遊久，以所得鳴漳泉間。泉之士有志者，相率延之往教。翁指畫口授，不求工於文采，務切當於義理。諸生隨所聞，筆之成帙。韶州別駕諸葛君，當時席下士之一也，廣其傳梓，嘉其後學，共使之由北溪之流，溯紫陽之源，而窺聖涯。不徒口耳，且必用力於實踐，則曰希聖希賢工夫，可循循而詣矣。予過曲江，得見所未見，茅塞豁然。尹番禺而始創釁舍者，此諸葛君也，珏其名。

番禺李昴英俊明甫題

明胡榮序

吾儒講學，原性命道德之微，察人倫日用之常，辨酬酢萬變之機，以明吾心全體大用，而所存者誠敬，所發者忠恕，斯可立大本，行達道，而成參贊位育功效，盡此心之量而無歉焉。古昔聖神明物察倫，故能盡性踐形而立人極也。爰自孔孟絶學不傳，世儒隨所意見，便私自學，發言措行，多昧至理，繇秦迄宋，千四百餘年。濂洛關閩，真儒輩出，而後斯道再明，心學有繼。閩漳北溪陳先生，爲朱門高第，下學上達，貫徹本末。所著字義上下二卷，凡二十五門。究極根源，推明物理，由一本而萬殊，合萬殊而一本，毫分縷析，脈絡分明。其於性、道、仁、義、誠、敬、忠、恕等字義，咸確有定論，不爲謬説異言所參雜，而道之體用、學之始終，因是而可明也。學者誠能熟繹其義，遡流尋源，由本達支，則孔子之一貫、顔子之博約、曾子之忠恕、中庸之性教、七篇之仁義，皆總括于是書矣。浙江參政林君進卿，先生鄉人也，自少講學，即讀先生之書，而精察實體焉。嘗病舊刻訛謬，特加校正，敬重鋟梓，以惠後學，屬序一言于端。榮丱角時，先給事府君手抄是書授讀，遂於性理之説略知推究。中歲提學廣浙，亦嘗衍繹先生辭旨，啓迪諸生。顧愚昧寡陋，弗克仰續遺休。第願吾黨之士玩是編者，心領神悟，力任斯道，專志正學，俾漢晉以來詐謀矯激、風流辭藻之習，舉不足以眩惑吾之趨向，則先生垂訓覺人之功遠且大矣。用謹序此，爲讀者規。

弘治三年庚戌春三月朔，後學新喻胡榮序。

明林同後序

是編剖析詳明，論議精當。有志於聖賢義理之學者，玩味之，服膺之，而融會貫通焉，其於造道成德，豈小補哉？舊本歲久字漫，覽者病之。公暇特加考正，命工刻梓，以壽其傳。嚴陵講義四篇，仍依舊帙，併列於左。後學文山林同拜手謹書。

明周季麟跋

此北溪陳先生字義一帙，採取諸儒訓釋之根於理者，並附以己意，分門爲書，誠後學入道之門户也。舊有版行於世，歲久湮訛。余同寅林君進卿與先生同郡，景行先哲，爲西廣參議時，嘗校正壽梓，以遺同志。曩進擢浙藩，遂留於彼。近因公暇，遂想舊書不可復得，乃捐俸再爲刻之，凡一百葉。嗚呼，理學難明，尚矣。林君於是書惓惓如此，其有志於聖賢之道哉，匪直景慕鄉先哲而已。前版余鄉胡大參希仁序之詳矣，此版余不懈，重林君用心之勤，僭跋數語如右。

弘治壬子春三月望，後學分寧周季麟謹識。

清施元勳序

程子曰：「古之學者一，今之學者三，異端不與焉。一曰文章之學，二曰訓詁之學，三曰儒者之學。苟欲趨道，舍儒者之學不可。」愚竊謂學者生於今日，而欲求儒者之學於微言既絶、大義既乖之後，舍聖賢經書、儒先傳註，雖其人具什佰敏妙之資、英特之識，亦孰從而求之哉？六經之書火於秦，雜於漢，湮塞翳蔽千五百餘年。自宋興而真儒輩出，至朱子而集其成，晚年折衷諸儒之説，又加廓大而光明之，著爲章句集註，補苴罅漏，張皇幽渺，由是斯道不傳之旨，焕然如日月中天。學者苟篤信而死守之，如昌黎所謂「沈潛乎訓義，反覆乎句讀」，更何患微言大義之不可得，而儒者之學之無傳也哉？奈何近世之爲儒者之學者，盲廢前經，妄自標提宗旨，如曰良知，曰慎獨，曰知本，曰静中養箇端倪，曰隨處體認天理。凡此種種謬説，摘字破句，改頭换面，率以異氏之本旨而假借文飾以聖賢之語言。其於正道，黠者明攻肆詆，懦者陽奉陰違。復有村夫子、鄉學究者，如麻叢出於其間，妄謂羽翼經傳，舐筆蘸墨，肆然自託於文章訓詁之列，作爲論説辨議講章集解等書，以助其狂瀾虐燄，然皆鄙悖不通，蜣丸自矜。而章句集注之義，懵然不能以章解句釋，反目爲迂腐平淡而厭棄之。於是斯道如日中必蔽，而妖氛魔霧復充然雜亂，晦冥於兩間，以至於今而未知何底。嗚呼！變白以爲黑，倒上以爲下。師傳之弟，弟復爲師，輾轉紛紜，相率於昏衢鬼窟之中，而罔知所出者，豈必其聰明才智之真不若古人哉？夫亦忽於章句集註之故也。其忽於章句集註者，先由於字義之不明，無以提關啟鑰，以發其奥窔也。然則字義不明，不惟儒者之學入於詖淫邪遁之途，卽文章訓詁，亦祗成刻人糞爲旃檀，而欲求香氣矣。善乎！伊川程子之言曰：「凡看文字，先須曉其文義，然後可求其意。未有文義不曉而見意者也。」朱子或問中力辨恕字之義，於漢臣郅惲之「恕己量主」，范忠宣公之「恕己則昏」，謂一字之義有所不明，其禍害遂至於相率爲不肖，大啟人臣賊君之罪。由此觀之，可以見字義之所繫甚重以切，而從事於經書傳註者之所當先務矣。北溪陳安卿先生淳，親炙於子朱子，而子朱子謂其學見本原者。所著字義，上下二卷，門類分爲二十五。雖不及周、程、張、朱五子全書之廣大閎博，而經書中之要義，如身心性命之端、理義道德之旨，與夫陰陽鬼神之微渺、儒術異流之同異，綱舉目張，條分縷析，偏布周密，發揮無遺。而其爲説，又未嘗撰以己意，無非薈萃周、程、張子之緒言成語，而折衷於所聞之師説，與夫章句集註之精意，觸類引伸，貫穿洞達，俾覽者源流本末瞭如指掌，燦如列眉。窮鄉晚進，有志於學而無明師良友以先後之者，苟得是書而玩心焉，知我説之爲是，因知彼説之爲非，知彼説之爲非，愈知我説之爲是，如辨淄澠，如別黃精、鉤吻，而章句集註之奧窔，斯可以提關啟鑰，得其門而入矣。如此，然後求諸周、程、張、朱五子之全書，沈潛反覆，優柔厭飫，以致其博而反諸約焉，則所謂江河之浸，膏澤之潤，渙然冰釋，怡然理順者，亦庶乎可以得之。而儒者之學，將不越經書傳註之外，而有以窺其微言大義，使斯道不傳之旨，若披雲霧而復覩青天，彼詖淫邪遁之説，廓如於太清而不見於微雲之滓矣。文章云乎哉？訓詁云乎哉？然則是書也，固研窮精微之先驅，而辨晰同異之嚆矢也。朱子曰：「四書，六經之階梯。近思録，四書之階梯。」元勳之刊布是書也，亦願今之讀章句集註者，以是爲階梯爾。或曰：是書也，殆亦訓詁之流歟？夫所惡於訓詁者，謂其蟲魚瑣屑，而無當乎道也。昔朱子稱程氏字訓爲大爾雅，爾雅而云「大」，明非蟲魚瑣屑之爲矣。且北溪之作爲是書也，所以述朱子之意，而闡朱子之藴耳。其精通詳密，又豈達原之字訓專爲啟蒙者之所可同日而語哉？元勳早歲受讀是書，向無善本。石門張建洪元樞，族子施淳如德涵，亦皆少時所嘗誦習者。付梓之時，各以舊本來校，其間謬誤，多所訂正，故視他本極爲精當。其嚴陵講義四篇，係嘉定間先生待試中都，歸遇郡守鄭之悌，鄭率僚屬延講郡庠，因歎張陸王〔一〕，學問無源，全用禪家宗旨，遂發明之以示諸生。則此四篇，尤爲學者司南定的也。弘治間刊本有之，今仍附後焉。

康熙乙亥重午，桐鄉後學施元勳謹識於家塾之古處堂。

清顧仲序

學以明道也。學者止從事於口耳之間，不究其源流本末，終不能以見道，其於全體大用總無當也。道原於一，一生二，二生三，三生萬，以至於無窮。其間精一之旨，固不可以言傳。惟聖人生知安行，自能徹始徹終，而猶云「學而不厭」。學者必須因流溯源，從末探本，真積力久，至於其候，乃自得之。故孔子欲無言，而曾子功候既至，方以一貫詔之，立唯無疑。子貢亦至多學而識之後，夫子始以一貫曉之，乃恍然於「夫子之言性與天道，不可得而聞也」。六經四子，載道之書也。學者徒見其繁多，何知所爲一貫？夫道，一也。原於太極而貫於天人之際者，曰命，曰性，曰理，曰心，曰德，曰誠，曰中，曰和，曰

〔一〕「張陸王」應作「陸學張王」，參看本書附録一宋史陳淳傳校記。

庸，曰仁義禮智信，曰忠，曰恕，曰敬，曰恭，以至經權義利之辨，真儒僞學之分，學者未能逐字體認，其於源流本末、體用分合之際茫如也。既不能得聖人之所以貫，又何以窺聖人之所爲一？夫六經四書之旨，先儒之講論詳且備矣，而紫陽朱子尤集其大成。顧周、程、張、朱五子之書浩衍廣博，學者未能一覽而竟。惟北溪陳先生親受業於朱子之門，所著字義二卷，簡而該，切而當，蓋彙周、程、張子之旨，而總折衷於朱子，融會貫串，從博歸約，語不多而源流本末、體用分合之際，燦若列眉，洵經學之指南，而諸大儒性理之提綱也。或謂初學方涉流攬末，豈即能窺見原本？必俟下學功至，方可探索。余謂不然。譬如射者，初學彎弓，豈便能中的？然不樹之的，何以習而至於中？若初學誦習時，即寓目於是書，識其名目，記其論議，時習之下，温故知新，始無歧向之患。不然，徒事口耳，固屬無益，甚或邪説謬解一入其胸次，他日卽膠固而不可拔濯，其不流於異端曲學者鮮矣。則是書也，正爲初學植根基、立標的之綜要也。永嘉舊刻既不可得見，桐川施翼聖得弘治舊本，已鋟版以行。而吾友戴葵亭後得鈔本於竹垞朱先生處，更加增訂詳校，刊入以行於世，津梁後學之功，殆非淺鮮也。

康熙甲午歲午月下浣，小長蘆後學顧仲謹識於讀書臺。

清戴嘉禧序

昔賢教人爲學，必先識字。識字者，非徒記其點畫形象，辨其聲韻平側已也。字各有義，識字而不確究其義，雖識得此字，何所用之？故韓昌黎教人須略識字，非輕薄譏笑世人也，正以徒識字而未曾確究其義爲無益也。然昌黎之言，大概爲文章家聲韻錯誤言耳。聲韻誤則義亦多誤，固也。要未嘗根極性命道德之指歸而爲言也。以故原道一篇首句云「博愛之謂仁」，是全未見仁之原本，爲後儒嘗議不少。是昌黎猶未得爲識字也。北溪陳先生之書，世人或未之見者，但聞其字義之名，以爲考訂字學之書耳。夫字之爲數多至幾千萬，古今字書自説文至玉篇諸種，注釋略備，亦大概注其點畫、形象、音韻、平仄及字之本義止矣。先生此書，目止二十有五門，所言則太極理氣之原頭，性命道德之宗旨，心學一貫之會歸，陰陽鬼神之通復，異端曲學之流弊。逐一分疏，既極親切；合而會通之，又極其融洽。其間體用分合，源流本末，無不綱舉目張，秩然條理，然非先生之創説也。先生爲朱門高弟，學見原本，故能合周、程、張、朱之論，而約略其旨，貫串其理。著爲上下二卷，以示下學正的，而上達之途，即不外是焉。學者得是書而熟玩之，而後讀周、程、張、朱之全書，則胸有繩約，而不患其浩瀚，於以合之六經、四子之章句集注，其於聖門一貫之旨，殆庶幾乎？禧向購是書不得，及得竹垞朱先生所藏鈔本，方欲授梓，而桐邑施翼聖亦得舊本，鋟板以行，第其間尚有缺漏及字句訛謬者，因復爲增訂，以公諸世云。

時康熙五十三年歲次甲午仲夏上浣，海陽後學戴嘉禧謹識於愛荆堂。

四庫全書總目北溪字義提要

北溪字義二卷（副都御史黄登賢家藏本）

宋陳淳撰。淳，字安卿，號北溪，龍溪人。嘉定十年授迪功郎、泉州安溪主簿，未上而卒。事蹟具宋史本傳。此編爲其門人清源王雋所録。以四書字義分二十有六門，每拈一字，詳論原委，旁引曲證，以暢其論。初刻於永嘉趙氏。又有清漳本，刻於宋淳祐間，卽九華葉信原本也。舊版散佚，明弘治庚戌始重刻，復有四明豐慶本，增減互異。近惟桐川施氏本爲較詳，然亦有大全所引而施氏本未收者。此本乃國朝顧秀虎校正諸本之異同，復取散見於他書者，録爲補遺一卷。又附以嚴陵講義四條，曰道學體統，曰師友淵源，曰用功節目，曰讀書次第。乃淳嘉定九年待試中都〔一〕，歸過嚴陵，郡守鄭之悌延講郡庠時作也。考淳同時有程端蒙者，亦撰性理字訓一卷，其大旨亦與淳同，然書頗淺陋，故趙汸答汪德懋性理字訓疑問書（案汸東山集誤作性理字義）稱其爲初學者設。今惟録淳此書，而端蒙之書則姑附存其目焉。

清李錫齡序

陳北溪先生，諱淳，字安卿，龍溪人。事迹詳宋史道學傳。有大全集五十卷，外集一卷。元人陳定字勤有堂隨録稱其爲朱門第一人，洵爲篤論。所著字義二卷，爲其門人清源王雋所録。初刻於永嘉趙氏，再刻於九華葉氏，皆宋本也。歷世久遠，漸就散佚。至明弘治庚戌，廣西參議林同進卿始取趙氏本重刻之，而其書復傳。迨後又有四明豐慶本。國朝顧氏、施氏、江氏遞相傳刻，詳略互異，而惟顧氏本

〔一〕「都」字原脱，據宋史本傳補。

最善。此帙爲前明周季麟所校，即從林氏本開雕者，成於弘治壬子，距林氏鋟板時僅二年耳。今世宋本既不得見，是刻雖經屢易，猶沿趙氏祖本，差爲近古。惟卷中分二十六門，而陳宓舊序作二十五門，不知何故。後有嚴陵講義四篇，亦北溪先生作也，仍因其舊而附刻之。

道光庚子七月十二日，三原李錫齡識。